CW00471031

ŒUVRES

DE

M. LINGUET.

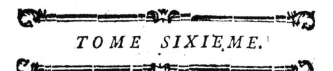

TOME SIXIEME.

F. 5924.

F. 1340.
D - 6.

DU PAIN

ET

DU BLED.

Par M. LINGUET, *Avocat au parlement de Paris.*

Intelligite qui judicatis.

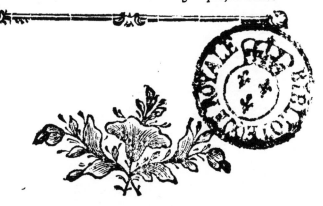

A LONDRES.

M. DCC. LXXIV.

AVERTISSEMENT.

LA matiere que je vais trai-
ter eſt uſuelle. Il s'agit de la
ſubſiſtance des hommes. Il n'y a
perſonne de nous qui ne ſoit in-
téreſſé à la voir approfondie. Les
triſtes fruits qu'ont fait éclore les
maximes des philoſophes, que je
combats, doivent ſans doute
faire deſirer de voir encore re-
muer ce terrain où ils les ont
plantées avec tant d'audace &
de profuſion. Les maximes qui
ont fait illuſion à tant de bons
eſprits, depuis dix ans, & produit
des maux peut-être irréparables,
ſont aujourd'hui décriées, mais
elles ne ſont pas détruites. L'en-
chouſiaſme, qui les a fait naître

& adopter peut les reproduire encore & préparer aux générations futures des paroxiſmes auſſi douloureux que ceux d'ont nous avons été témoins.

Le public doit ſouhaiter qu'il ſe préſente enfin une main vigoureuſe & hardie qui aille juſqu'à la racine de ces germes empoiſonnés , & qui ſans en craindre l'influence vénimeuſe pour elle-même , les extirpe ſans retour du vaſte champ qu'ils ont infecté. C'eſt ce que j'ai promis d'entreprendre & ce que je vais tâcher d'exécuter.

Quand j'y ai travaillé pour la premiere fois en 1771 , j'avois enſemble la vérité, le bien public à défendre , & une vengeance à exercer. Il auroit été plus ſage de dédaigner celle-ci & de l'attendre du temps. Je fais aujour-

d'hui ce que j'aurois dû faire
alors. Je retranche de mon ouvrage tout ce qui m'étoit per-
ſonnel , & même tout ce qui
pouvoit ſentir un peu la paſſion.
Je ne conſerve que ce qui peut
être d'une utilité générale , &
achever d'éclaircir une queſtion
que l'expérience a déjà réſolue.

Afin de prévenir toute équivoque, je déclare ici qu'en com-
battant une doctrine infiniment
préjudiciable , je ne la confonds
pas avec ceux qui la prêchent. Je
n'ai aucun deſſein de compromettre, ni leurs mœurs , que je crois
très-honnêtes , ni leurs perſon-
nes , que je reſpecte. Je n'en connois aucun par moi-même , mais
je ne leur fais pas l'injuſtice de
leur ſuppoſer à tous des ames ſan-
guinaires. Leur deſſein n'étoit
point de déclarer la guerre aux

a iv

générations préfentes & futures.
J'en fuis convaincu.

Ils ont été trompés , & leurs
erreurs,quelquesterribles qu'elles
foient par leurs fuites,ne peuvent
être attribuées qu'à des fauffes
fupputations. Ils ont parmi eux
des hommes refpectables par leurs
vertus , juftement chéris par la
douceur de leurs mœurs , connus
par leur bienfaifance , par des
traits d'une générofité compatiffante , & dont la vie raprochée
de leurs maximes forme le plus
étrange contrafte qui ait peut-
être jamais frappé l'œil d'un obfervateur.

Voilà ce que je penfe des économiftes , & ce que j'en ai toujours dit. La premiere édition
de cet écrit renferme déjà ce
témoignage honorable que je
leur rends. Il s'en faut bien qu'ils

ſe ſoient piqués d'une ſemblable équité. Ces philoſophes en gé-néral ſe ſont défendus avec des armes bien indignes de la philo-ſophie. Je ne parle pas ſeulement des intrigues ſecrètes , des ma-nœuvres ſouterraines avec leſ-quelles ils s'efforçoient dans le temps de leur regne de faire imprimer les ouvrages qui leur étoit contraires , & d'enchaîner les hommes aſſez courageux pour les attaquer. J'ai en vue leur maniere de peindre dans leurs réponſes les adverſaires de la *ſcience*. Il n'y a point de moyens qu'ils n'employaſſent pour les rendre odieux ou ridicules.

Tantôt ils s'attachoient à leur état pour rendre leurs dé-monſtrations ſuſpectes , comme ils l'ont fait à l'égard de M......... receveur-général des fermes , à

a v

Nantes , citoyen estimable par
son mérite & par ses talents ; dont
l'emploi n'a rien que d'honnête ,
surtout dans un pays d'état , &
n'est susceptible d'aucun des
soupçons que le titre d'officier
de finances semble autoriser.

Tantôt ils se permettoient les
plus indécentes plaisanteries ,
comme ils l'ont fait à l'égard de
M. l'abbé G.... Un de leurs jour-
nalistes ne l'a désigné qu'en l'ap-
pelant *un italien qui s'en alloit
tout à l'heure.* Ce trait plein de
sel & de génie a été soigneusement écrit en lettres italiques ,
de peur que sa finesse ne le rendît
imperceptible : comme si le pays
de l'auteur pouvoit influer sur la
bonté de son livre , ou que son
départ pût affoiblir ses raisonnements.

Ils en ont agi de même à l'é-

gard de M. le *C. D. L.* homme
que ſes qualités perſonnelles diſ-
tinguent encore plus que ſon
rang, tout illuſtre qu'il eſt; homme qui a eu le courage de prendre des Anglois ce qu'ils ont de
meilleur ſans contredit, la hardieſſe de penſer dans un rang
élevé, & l'amour du travail dans
l'opulence. Il a, d'après l'expérience & la réflexion, ſenti le
vuide & le danger de la charla-
tannerie économique. Il l'a fait
voir dans une brochure où il ne
s'eſt déſigné que par ces lettres
initiales, le *C. D. L.* Le même
journaliſte les a expliquées ainſi,
le copiſte de Linguet; on peut
voir dans les *éphemérides* : comment ils m'ont traité & leurs
partiſans rougiſſent aujourd'hui
de ce qu'ils ſe ſont permis dans
les cercles, dans les converſations,

à une époque où la plus ſinguliere mépriſe m'expoſoit à la haine d'une partie de la nation & à l'envie de l'autre, où je paſſois pour un courtiſan vendu à la faveur, pour l'inſtrument ou même le moteur d'une révolution, tandis que j'étois le plus paiſible, le plus retiré, le plus oublié des hommes, tandis que je m'interdiſois avec plus de ſcrupule qu'aucun de mes confreres, non-ſeulement les affaires politiques auxquelles je n'ai jamais été appelé, mais les affaires privées dont mon état me feſoit un devoir & une néceſſité de me mêler.

C'eſt avec ce mélange de bouffonneries, d'inſinuations malignes & d'invectives groſſieres qu'ils réuſſiſſoient à traveſtir quiconque n'étoit pas de leur parti en monſtre dangereux ou en inſecte

méprisable. C'est ainsi qu'ils par-
venoient à faire regarder tous les
vrais citoyens qui dédaignoient
leur jargon mystique comme des
ennemis de la vérité, & les cœurs
vraiment humains qui détes-
toient les principes meurtriers
de la science comme les destruc-
eurs du bonheur public.

Ce qu'il y a de plus étrange,
c'est que si jamais une cabale phi-
losophique a mérité ces cruelles
qualifications, il faut le répéter,
c'est la leur. Au seizieme siecle,
dans ce déluge de sectes qui dés-
honoroient & déchiroient la
religion, il s'en éleva une d'a-
nabaptistes, qui se flattoient de
rendre service aux petits enfants,
en leur ôtant la vie après le
baptême, parce que par-là ils
leur procuroient un bonheur sûr
& inaltérable. Les économistes

font les anabaptiftes de la philofophie. Ils propofent de tuer les
hommes pour les rendre heureux.
Ils difent que le meilleur moyen
de les garantir des befoins, c'eft
de les faire périr de faim. Voici
un petit abrégé de leur évangile.

Tout vient de la terre ; donc
la culture des grains doit être
l'unique objet de la politique.

La terre ne peut être cultivée
que par des gens riches ; donc le
gouvernement ne doit fonger
qu'à enrichir les cultivateurs.

L'opulence des cultivateurs ne
peut être fondée que fur le haut
prix du grain ; donc le miniftere
doit travailler à hauffer le prix
du grain par quelque moyen que
ce foit.

Le plus fûr moyen de hauffer
le prix du grain, c'eft de le rendre rare ; donc le gouvernement

doit en faciliter la ſortie , afin d'en diminuer la maſſe dans un royaume où il ſeroit trop dangereux de le laiſſer accumuler.

Si quelques compagnies ont réclamé contre cette opération , d'autres y ont applaudi , & ce ſont celles qui applaudiſſent qui ont raiſon.

La richeſſe ne conſiſte point dans la récolte , mais dans le *produit net.* Le *produit net* eſt le ſymbole de la croyance ſalutaire. C'eſt au *produit net* que doivent ſe rallier tous les partiſans de la ſaine doctrine. Quiconque croit au *produit net* eſt ſauvé : hors le *produit net ,* point de ſalut.

Peu importe à l'état que ce ſoient des étrangers ou des citoyens qui faſſent le travail des moiſſons , & qui en emportent les ſalaires. La préférence eſt due à la main qui se loue à meilleur marché. Comment le grand point est que le cultivateur soit riche, les choses sont dans le meilleur état possible, quand il vend ses denrées au plus haut prix possible, & qu'il achete au plus bas prix possible les secours qui les lui assurent.

Les grandes fermes valent mieux que les petites ; en effet les premieres emploient moins d'hommes, coûtent moins en réparations & laissent plus d'argent, un plus grand *produit net* dans la poche du fermier.

Pour juger de la cherté du grain, ce n'est pas le prix d'un seul marché qu'il faut prendre, mais celui de tous les marchés que l'on connoît. On les additionne ensemble, on divise la somme par le nombre des marchés , & le quotient donne le *prix moyen* , qui eſt le vrai prix du bled aux yeux du politique.

Ce calcul eſt ſuſceptible de quelques petites difficultés : mais, pour les applanir , il n'y a qu'à donner une liberté indéfinie au commerce ; la liberté donnera l'équilibre , & juſtifiera le *prix moyen*.

Quiconque combat la liberté, eſt un ennemi des hommes , un *voleur* qui doit être livré à l'exécuteur *économiſte* , M. Dupont , & ſupplicié par lui à petits coups , ſoit dans les *Ephéméri-des* , ſoit dans la ſuite de la *Phiſiocratie* , ſoit dans les petites brochures que ce grand philoſo-phe multiplie pour le bonheur de l'humanité.

Enfin , ceux qui gémiſſent de voir notre commerce détruit ,

notre culture anéantie, nos journaliers réduits à s'expatrier, ou à mourir de faim, font des barbares que la raifon compatiffante doit étouffer; & ceux qui prêchent le haut prix des denrées, qui travaillent à deffécher la génération préfente, à anéantir les générations futures, font des êtres chers au genre humain, des enfants de bénédiction, à qui l'univers doit des ftatues.

Tel eft, en peu de mots, l'abrégé du *catéchifme économique.* Tels font les principaux dogmes fur lefquels doit s'exercer la foi des initiés, & qui font offerts à la crédulité des cathécumenes.

M. l'abbé ***, premier aumônier de la fecte, l'Abubekre de ce nouvel Alcoran, eft venu prêcher la foumiffion & le refpect pour ces vérités tout fraîchement révélées au maître. Il a débuté, dans l'exercice de fon augufte miniftere, par des tirades entiérement analogues à l'enthou-fiafme philofophique. C'eft une chofe vraiment étrange & pourtant curieufe que fon avertiffe-ment dans le premier volume des Ephémérides de 1767.

C'eft là que la fcience, le maître, l'ordre commencent à paroître fur la fcene ; c'eft là qu'on promet aux fouverains de les louer, *toutes les fois qu'ils auront fuivi les vrais principes de l'ordre* (page 29). C'eft là que Pitagore, Socrate, Platon font mis au nombre des docteurs en économie, à peu-près comme Moyfe, Elie, & même, je crois, Adam, font comptés par les Carmes parmi leurs confreres

(p. 21). C'eſt là qu'on félicite l'Europe d'approcher un peu de la ſageſſe Chinoiſe (ibid.) C'eſt là que le tableau économique, eſt comparé avec bien de la juſtice aux ridicules hiéroglyphes de Confucius, à ces prétendues figures dont je parlerai à la fin de cet écrit. Enfin, c'eſt là que l'auteur, prenant préciſément le ton de ces philoſophes ambu-lants, qui offrent des illuſions d'optique à la curioſité des en-fants & des laquais, s'écrie : vous allez voir (dès que l'ordre ſera établi, la ſcience reconnue & ſes diſciplines adorés), vous allez voir, " d'un pole à l'autre, la „ terre ſollicitée par les travaux „ aſſidus qui la rendent féconde, „ couverte d'habitants, de „ fruits, de troupeaux, de vil-„ lages floriſſants, & de villes

,, magnifiques ; les arts, heu-
,, reux enfants de l'opulence &
,, du génie , embelliffant les
,, empires & multipliant les jouif-
,, fances ; le commerce qui mar-
,, che avec eux , à la fuite de
,, l'abondance , franchiffant li-
,, brement tous les intervalles ,
,, parcourant les côteaux & les
,, montagnes , les rivieres , les
,, fleuves & les vaftes plaines de
,, l'Océan , pour communiquer
,, aux peuples divers les richeffes
,, de l'un & de l'autre hémif-
,, phere , telles que la nature les
,, a produites , ou que l'induftrie
,, les a fournies.

   " Voyez par-tout la paix ,
l'innocence & le bonheur habiter
fous l'empire & la fauve-garde
des loix depuis la cabane du
berger jufqu'aux palais des princes ; le vice inconnu ou réprimé,

la vertu respectée ; la justice at-
tentive , empressée à maintenir
tous les droits ; le pouvoir su-
prême présent en tous lieux , &
veillant à l'exécution des devoirs;
la majesté des souverains plus vé-
nérable par la sainteté des loix
éternelles de l'ordre dont leurs
commandements ne sont que
l'expression , qu'imposante par
l'appareil de la puissance publique , qu'éblouissante par la
pompe & par l'éclat dont leur
trône est environné ,,.

" Voyez se concentrer en eux
toutes les volontés , toutes les
forces physiques & morales de la
société se former pour eux un
patrimoine intimement & indi-
visiblement uni aux propriétés
foncieres , qui sont elles-mêmes
le lien social ; leurs intérêts asso-
ciés imperturbablement au bien

de l'état , leur opulence & leur grandeur néceſſairement proportionnées à la propriété pu-blique.

" Voyez s'étendre, depuis le trône juſqu'aux extrémités des empires , les rayons bienfaiſants de l'autorité tutélaire ,,.

" Voyez les organes incor-ruptibles de la juſtice par eſſence ne recevoir & n'exécuter que les loix , rejetant avec horreur les volontés tranſitoires , erronées , iniques & deſtructives , inſpirées par l'orgueil ou la cupidité ; faiſant régner , moins encore par leur pouvoir que par leur exem-ple , l'équité , les mœurs & le patriotiſme ,,.

" Voyez enfin les peuples de l'un & de l'autre monde , éclai-résdes lumieres d'une philoſophie profonde & ſalutaire , abjurer à

jamais leurs antiques erreurs ;
éteindre le feu des diſſenſions,
étouffer les germes cruels de la
guerre,& conſpirer unanimement
au bonheur de l'eſpece humaine;
ſans jalouſie, ſans rivalité, ſans
combats, mettant déſormais
toute leur gloire à ſe montrer
plus ſages, plus heureux, plus
habiles & plus bienfaiſants envers
l'humanité. Quel eſt le mortel
aſſez inſenſé pour n'être pas touché d'une ſi belle idée ,,?

Eh, mon ami, renferme ta
lanterne magique, finis ta ridicule nomenclature. Quel eſt le
mortel aſſez ſtupide pour ſe flatter de voir jamais ſe réaliſer de
ſemblables illuſions ? Quel eſt
l'homme aſſez ſot pour croire de
bonne foi que l'ordre, la ſcience,
& tous les docteurs du monde
ôteront aux grands leurs paſſions,

aux

aux petits leurs beſoins, au travail la peine qui l'accompagne,
au luxe les vices qui en ſont inſé-
parables, à la ſociété l'inconvénient qui en fait le caractere fon-
damental, celui de ne conſiſter
qu'en privations & en jouiſſances? quel ſera l'homme aſſez char-
latan, aſſez audacieux, pour oſer
parler de villes magnifiques ſans
malheureux, d'édifices ſuperbes
ſans chaumieres, de loix ſans
abus, de productions ſans deſtruc-
tions, d'ordre ſans déſordre? toutes ces ſottiſes romaneſques ſont
bonnes dans l'île d'Eldorado;
mais eſt-ce à des hommes réels,
à des hommes raiſonnables, qu'on
doit préſenter de pareils fantô-
mes?

Si tout ce qui peut appartenir
à des hommes ſur la terre ou dans
ſon ſein étoit également réparti

b

entre tous ceux qui l'habitent ,
il n'y en auroit aucun de pauvre,
il n'y en auroit aucun de riche ,
mais dès l'inſtant où l'inégalité
s'introduit , dès le moment où
l'opulence eſt connue, il faut auſſi
que l'indigence le ſoit. Il ne ſe
forme pas de nouveaux tréſors
en faveur de la claſſe qui acquiert
la ſupériorité : ſon ſuperflu ne ſe
forme que du néceſſaire qu'elle
ravit aux autres. L'aiſance qu'elle
s'attribue n'eſt formée que des
portions ſouſtraites à ſes voiſins.
Enfin pour parler le langage géo-
métrique ou philoſophique du
ſiecle , ſi les hommes qui couvrent la ſurface de ce globe ſont
repréſentés par cent & les objets
de leur jouiſſance auſſi par cent,
& que dix des premiers réuniſ-
ſent excluſivement ſous leur
main 90 des ſeconds , il faudra

bien que les 90 êtres dépouillés par cette opération ſe contentent entre eux tous des co-portions qui reſtent, & par conſéquent qu'ils ſoient malheureux en raiſon, de ce que le bonheur ; c'eſt-à-dire, la jouiſſance de leurs rivaux ſe multiplie.

Voilà l'emblême de la ſociété & le tarif, s'il eſt permis de le dire, d'après lequel il faut apprécier toutes les ſpéculations politiques ; celles qui tendroient à rétablir une égalité parfaite entre les hommes ſeroient autant d'abſurdités, parce qu'elles tendroient auſſi par là au bouleverſement abſolu des liens ſociaux. Leur but unique doit être, en maintenant cette inégalité cruelle qui en fait l'eſſence, de l'adoucir autant qu'il eſt poſſible, d'aſſurer aux claſſes inférieures qui ſupportent tout le fardeau de la ſociété, la ſeule eſpece de dédommagement qui peut les conſoler des privations auxquelles elles ſont condamnées.

Or, quel eſt-il ce dédommagement? c'eſt la ſubſiſtance : c'eſt la facilité de vivre, facilité qui tourne plus encore au profit des claſſes ſupérieures qu'à celui des autres, puiſque c'eſt à elle qu'elles doivent les bras laborieux qui entretiennent leur quiétude, & qu'après tout des hommes qui conſentent à vendre tout le fruit de leur exiſtence, ſans y mettre d'autre condition que de ne pas mourir de faim, ne ſont pas des ſerviteurs bien chers. C'eſt à ce marché ſi avantageux, à l'opulence que le ſyſtême des économiſtes porte la plus funeſte atteinte.

Avant que de le refuter, avant que d'examiner le culte ne faudroit-il pas apprécier l'idole ? Nous allons avoir à parler beaucoup de bled & de pain. N'est-il pas permis avant tout d'aprofondir ce que c'est ? Ne devrions-nous pas chercher si l'un est réellement, comme on le dit, un bienfait précieux de la nature, & l'autre une ressource estimable en politique.

DU PAIN
ET
DU BLED.

CHAPITRE PREMIER.

*Du pain combien il y a peu d'hommes
qui en faſſent uſage.*

DANS un petit écrit publié il
y a quelques années, je me
ſuis aviſé de dire que le pain
conſidéré comme nourriture, eſt bien
inférieur au riz. « Nous vivons de

» pain, difois-je, nous autres occiden-
» taux ; notre exiftence dépend de
» cette drogue, dont la corruption eft le
» premier élément , que nous fommes
» obligés d'altérer par un poifon pour
» la rendre moins mal-faine , dont
» l'apprêt eft fujet à tant d'appareil,
» & qui depuis l'inftant où la malheu-
» reufe graine qui en fait la bafe eft
» cachée dans le fein de la terre, juf-
» qu'à celui où un boulanger l'étale
» fur fa boutique , exige les plus grands
» travaux , ainfi que la plus cruelle
» dépendance. Elle eft plus meurtriere
» encore cent fois par les monopoles &
» les abus qu'elle néceffite, qu'utile par
» la propriété qu'elle a de fervir d'ali-
» ment ».

On s'eft efforcé dans quelques brochures de rendre ridicule ce peu de
mots , & rien n'étoit moins difficile.
Il n'y a point d'idée qui prête plus à
la plaifanterie au premier coup d'œil.

Il n'y a rien de fi aifé que de faire paroître abfurde le fyftême d'un homme qui regarde le pain comme un poifon, qui félicite le peuple à qui la providence a caché le fatal fecret de moudre & de paîtrir le froment.

Mais quels éclats de rire fe font élévés auffi à la premiere thefe où l'on a foutenu la circulation du farg. Combien Gui-patin s'eft-il permis de mots méchants fur l'émétique & fes inventeurs ! Cependant la découverte d'Harvée eft aujourd'hui un axiome en médecine , & l'antimoine modifié eft devenu une de fes plus puiffantes reffources. Je ne fais pas fi mon opinion fur le pain fera la même fortune, mais je fais bien qu'elle n'eft pas moins folide.

D'abord nous fommes dans l'idée que c'eft le feul aliment convenable à notre nature , & que le genre humain périroit s'il en étoit privé. Cependant il eſt de fait que le plus grand nombre de hommes n'en connoît pas l'uſage, & que chez ceux qui l'ont adopté, il ne produit que de perni- cieux effets (a). Dans toutes les îles de l'Amérique, & même dans le continent,

_____

(a) Qu'il me ſoit permis de faire à ce ſujet une obſervation qui n'eſt pas déplacée. Toutes extraordinaires, toutes bizarres que paroiſſent mes idées, elles ne laiſſent pas que de frapper bien des hommes éclairés & même des écri- vains qui les adoptent ſans bruit, ſans même oſer en déſigner la ſource. Par exemple à peine eus-je publié mes lettres ſur la Théorie des Loix, où je préſentois mon opinion ſur le mérite du pain conſidéré comme aliment, que dans un ouvrage intitulé *queſtions ſur l'Ency- clopédie*, imprimé par parties, il parut un article pain où cette opinion eſt repriſe & aſſez bien développée. L'auteur, il eſt vrai, ne va pas auſſi loin que moi. Il ſe contente de remarquer combien il s'en faut que cette denrée ſoit d'un uſage univerſel parmi les hommes. Je n'avois guéres dit que cela non plus dans les lettres ſur la Théorie des Loix, mais ici je prouve combien il eſt dangereux pour ceux même qui en font leur principale nourriture. Peut-être cet écrivain me fera-t-il la grace d'adopter ce principe quand il aura vu com-

excepté quelques cantons du Paraguay
& du Pérou , je vois qu'il n'y a de
bled que celui qu'on y porte d'Europe ,
en épi ou en farine ; il y sert même
bien moins à la nourriture qu'à la déli-
catesse : c'est une friandise , & non un
aliment.

Les negres , les Indiens , tous les

---

ment j'en démontre la solidité. Il le fortifiera
sans doute par de nouveaux arguments & il
augmentera par là ma reconnoissance.

De même il a paru , il y a quelque temps
dans l'année littéraire une lettre où une brochure, intitulée l'A, B, C , étoit un peu maltrai-
tée à mon occasion. Je ne la connoissois point;
cette lecture m'a donné envie de la lire. J'y
ai en effet reconnu le plus grand nombre de
mes idées sur les docteurs en droit public , sur
l'Esprit des Loix , & même sur le despotisme
Asiatique. Je me suis réjoui d'avoir un com-
pagnon , de voir que je n'étois pas le seul qui
découvrît la vérité & qui eût le courage de la
dire. J'ai pardonné à l'auteur en faveur de sa
fermeté d'avoir oublié de me citer en s'appropriant mes découvertes. J'ai appris depuis que
cet ouvrage étoit de M. de Voltaire , & alors
je me suis enorgueilli d'avoir fait un pareil
prosélyte.

A iij

blancs pauvres, & même la plupart
du temps les riches, vivent de caffave,
de plantains, de bananes, qui en eft
une efpece, de maïs, de légumes de
toutes fortes. Ils ne s'apperçoivent que
le pain leur manque, que dans le
temps où l'impoffibilité d'en tirer à
caufe de la guerre, le leur fait defirer
comme les autres fuperfluités de notre
hémifphere ; il ne leur devient alors
précieux, que parce qu'il eft rare &
& cher.

C'eft la même chofe dans toute
l'Afie. J'ai lu, quelque part dans un
écrit économique, qu'actuellement encore *les plus beaux bleds de l'univers*
croiffent dans cette partie du monde.
Il eft pourtant très vrai que cette plante
n'y eft qu'un pur objet de curiofité &
de luxe, & non pas dé confommation.
L'auteur a été trompé apparemment
par le nom de bled de Smyrne, que
porte une efpece de froment plus gros

& plus hâtif. Mais elle ne vient pas plus des échelles du levant que *il mal Francefe* à Naples ne vient de Paris.

En Turquie , en Perfe , dans toute la Mofcovie , à la Chine , au Japon , dans cette immenfité des prétendus déferts de la Tartarie , qui font pourtant remplis d'hommes , on ne vit que de riz habituellement , quelquefois de millet , mais toujours des productions propres à fournir une bouillie mangeable fans apprêts , & non pas de ce compofé fatigant , coûteux , gênant en tout fens , que nous appelons pain.

En *Afrique* , j'avoue que l'*Egypte* & la *Barbarie* fourniffent d'abondantes moiffons ; mais outre que la dépopulation & l'indigence de ces cantons , fi fameux encore aujourd'hui par leur commerce en bleds , ne prouvent pas la falubrité de cette production confidérée , foit comme aliment , foit comme denrée négociable , ces deux

états , malgré leur étendue , ne font
qu'un point fur l'immenfité de l'Afrique. Depuis le canal de Mozambique
jufqu'aux Canaries , vous ne trouverez pas une charrue , pas un laboureur. La pêche , la nourriture des beftiaux , la chaffe , les fruits fourniffent
la fubfiftance à toutes ces nations , &
il y en a de confidérables , & elles
font libres , & elles font heureufes.
Les efclaves qu'elles nous fourniffent
ne prouvent que l'indignité de notre
avarice , & la facilité avec laquelle ,
dans tous les pays , les petits font la
victime des paffions des grands.

Enfin , entre les deux tropiques ,
point de bled ni de pain. Paffé le 60e
degré de longitude , & avant le 25e de
latitude , point de bled ni de pain.
Pour appercevoir le petit coin de
terre où fe cultive & fe confomme
cette plante fatale , il faut paffer le
tropique du cancer; il faut venir fe

confiner dans notre petite Europe.

C'eſt-là que, dans l'eſpace d'environ quarante degrés, ſe trouve bornée la culture du bled, que nous croyons fié-rement être le ſeul aliment compatible avec la dignité du genre humain : & encore, combien de peuples, com-bien d'individus qui en ſont privés, dans cet eſpace même où il ſemble ſi néceſſaire !

En Eſpagne, combien d'hommes qui ne vivent que de châtaignes, que d'une eſpece de glands qui en appro-chent ! En France, combien de labou-reurs qui ne ſubſiſtent que de ſarraſin, comme dans la Champagne, que de millet, comme dans le Poitou, &c ! En Allemagne, combien qui ne mangent que des pommes de terre !

Les Anglois & les Hollandois eux-mêmes, ſi grands commerçants en bled, s'en défient comme d'un poi-ſon. Ils ne ſemblent goûter au pain que

pour rendre hommage à la mode.
Enfin, si lon avoit la patience de faire
à ce sujet un calcul bien minutieux &
bien exact, de 9_0, 000, 000 d'hommes qui, dit-on, peuplent la surface
de la terre, on en trouveroit peut-être
à peine 50 qui vécussent de bled : &
voilà l'aliment universel ! voilà l'important objet de subsistance, auquel
les gouvernements doivent tout sacrifier, sur lequel toutes les spéculations
politiques do.vent porter !

CHAPITRE II.

Que le pain eſt de toutes les productions la plus penible d cultiver, d recueillir, d conſerver. Combien le riz eſt preferable.

Sɪ vous cherchez maintenant la cauſe de ce diſcrédit général auquel le pain eſt condamné, vous la trouverez aiſément dans les fatigues qui précedent la culture du bled, dans les dangers qui en accompagnent la croiſſance, dans les travaux qui ſont attachès à ſa préparation.

Avant que de le ſemer, il faut fumer la terre, la retourner, lui donner trois façons, & quelquefois quatre. A peine eſt-il germé, que les mulots, les vers, des infeƈtes de toute eſpece l'attaquent & font trembler le laboureur. Les gelées, les inondations le déracinent, ou le font périr. La moindre pluie, dans la fleur, le fait couler ; la nielle le confume ; la grêle le coupe ; trop d'abondance le fait verfer & le rend ftérile. A-t-il échappé à ces dangers ? Offre-t-il enfin à l'œil du fpectateur des flots ondoyants qui réjouiffent le propriétaire ? Il faut le fcier, le faire retourner, le faire fécher, le mettre en bottes ; & dans cet état même une pluie un peu longue peut le gâter, le faire germer dans l'épi.

Eft-il dans la grange ? Il faut le foumettre au fléau, l'arracher par des efforts violents de l'afile où la nature l'a caché.

Eft-il battu, vanné, criblé, réuni en morceaux ? vous croyez peut-être qu'il ne s'agit plus que d'y porter la dent pour s'en nourrir ? Il eft bien loin

encore de pouvoir servir d'aliment ;
il faut le porter au moulin : après lui
avoir fait subir l'action des meules , il
faut le saffer, le blutter.

Est-il en farine ? il faut le pêtrir ,
y introduire un mélange de pâte ai-
gre & infecte ; sans laquelle il n'auroit,
dit-on, point de goût : & encore faut-
il que ce mélange soit gouverné avec
la plus parfaite discrétion. Trop foible, il laisse au pain une pesanteur
dangereuse. Trop fort, il lui commu-
nique une aigreur dégoûtante.

On l'enfourne. Deux bâtons brûlés
de trop l'exposent à être converti en
cendres, ou du moins en une masse
amere, qui n'aura ni suc ni substance.

Je suppose que tous ces inconvénients sont prévus & évités. Enfin le
four s'ouvre, & vous livre une com-
position assez agréable au goût, je l'a-
voue, quand elle est nouvelle, mais
qui acquerra bientôt la dureté de la

pierre & l'infipidité du fable, fi elle
eft à l'abri de l'humidité, ou que la moi-
fiffure va couvrir en huit jours dans
le cas contraire ; les animaux même
n'en voudront plus, dès que la fermentation ou la féchereffe l'auront ré-
duite à l'un de ces deux états. Voilà
l'hiftoire naturelle de cette admirable
denrée, que nous avons appelée pain.

Voulez-vous pouffer plus loin celle
du bled qui le fournit ? Votre deffein
eft-il de le conferver, ou en farine,
ou fous l'écorce dont la nature l'a re-
vêtu ? Sous l'une ou fous l'autre forme, fans les plus grands foins, fans
les mouvements les plus violents, fans
une affiduité & des fatigues éternelles, il s'échauffe, il contracte un goût
putride qui annonce ou développe fes
qualités malfaifantes : les infectes le
dévorent : il germe dans le grenier
même. Le malheureux propriétaire
qui s'eft cru riche, voît, un matin,

avec défefpoir, fon tréfor changé en poufliere, ou converti en une mafle corrompue, que la police fe hâte avec raifon de profcrire, à moins qu'un crédit fupérieur ne lui impofe filence, & ne condamne cent mille hommes à être empoifonnés, pour épargner une perte de quelques écus à un riche imprudent.

Ces procédés font aufli indifpenfables qu'affujettiffants. Ils tiennent le cultivateur dans des entraves éternelles, le propriétaire dans des craintes non interrompues, le confommateur dans des embarras & une dépendance fans fin.

A cette culture accablante, comparez maintenant celle du riz. Pour préparer la terre à le recevoir, il fuffit de la mouiller : un fimple bâton fert alors de charrue : vous dépofez vos graines dans les creux que vous faites dans la boue, & vos femailles font finies.

A mesure que le riz s'éleve, vous faites remonter l'eau. Elle lui sert alors d'enveloppe autant que d'aliment. Tandis qu'elle subsiante & fortifie la racine, elle garantit la tige des infectes, des injures de l'air, & de tous les accidents extérieurs.

Est-il mûr? vous l'arrachez sans peine du terrain vaseux où il a pris sa naissance. Une manipulation peu pénible le détache de l'épi & de la cosse intérieure qui l'enveloppe plus immédiatement.

Pour le manger, vous n'avez besoin ni de l'appareil des moulins, ni des préparatifs ruineux de la boulangerie. Une marmite, un feu doux, une légere ébullition vous fournissent un aliment aussi délicieux que salutaire.

Son excessive dureté le rend inaccessible aux attaques des infectes. Cette même propriété, qu'il doit à sa consistance compacte & serrée, le ga-

rantit de la fermentation. Vous le con-
fervez, vous le tranfportez fans inquiétude & fans danger. Sous un
moindre volume, il renferme un beaucoup plus grand nombre de parties
nourriffantes ; avantage qu'il tient du
fluide dans lequel il eft né, & qui con-
tenant en plus grande abondance que
la terre les fucs nutritifs, les prodigue
avec plus de profufion à une plante
qui lui femble particuliérement con-
facrée.

Et vous êtes furpris que les $\frac{19}{20}$ du
genre humain la préferent à votre mal-
heureufe petite production fepten-
trionale qui femble appeler la faim,
au lieu de la chaffer, qui paroît à fes
funeftes propriétés être un préfent
fait par la nature dans fa colere, &
dont l'épi contient plus de malheurs
peut-être encore que de grains !

Vous obfervez que la culture du riz
eft mal-faine, parce qu'elle change les

champs en marais , & que les vapeurs
en peuvent devenir contagieuses ; mais
celle du bled est-elle plus salutaire ? Si
le labour qui ouvre les sillons n'a rien
de mortel , en est-il de même de la
moisson qui les dépouille ?

Ce travail excessif à la plus grande
ardeur du soleil, cette attitude cour-
bée qui arrête la circulation , qui met
toutes les parties du corps dans une
tension violente , qui force à respirer
les exhalaisons que la chaleur tire de
terre ; ces nuits passées à la rosée
après la sécheresse brulante du jour ;
cette soif appaisée ou plutôt eludée
par des torrents d'eau souvent fangeu-
ses qui par sa crudité cause la fievre ,
& par sa pesanteur détruit l'estomac , croiez-vous que tant d'incon-
venients funestes ne l'emportent pas
sur l'humidité marécageuse que le
voisinage de la moisson peut communiquer à l'air pendant quelques jours
dans

dans les plaines où le riz se recueille.

A tous ces avantages qu'a le riz sur bled, il en faut joindre encore un qui seul les vaudroit tous. Outre que le riz est le plus substantiel des aliments, c'est aussi le moins coûteux. Dans nos contrées même où il ne croît point, où il ne se transporte qu'à grands frais, où l'incertitude du débit en augmente la valeur, où au lieu de garnir les marchés, il est relégué dans les boutiques des droguistes & vendu en détail presque comme les épiceries les plus précieuses, on en vit encore à meilleur marché que des plantes indigenes recueillies sur nos sillons. Il fait les délices du riche dans l'abondance, & la ressource du pauvre dans les famines.

L'economie qui preside à la nourriture du soldat trouve son profit à supléer par des distributions journalieres de riz aux fournitures qui coûte-

roient trop cher fi on les fefoit entie-
rement en pain. A fa ration de farine
petrie cuite au four avec des embarras,
qui font fouvent échouer les projets
les mieux concertés on y joint pendant la guerre une once de riz qu'il
fait cuire , qu'il affaifonne lui même
fans frais & fans préparatifs.

On la lui retranche , il eft vrai , à la
paix parce qu'apparemment effuyant
moins de fatigues , on lui fuppofe un
moindre befoins de nourritures. On
traite fa force comme fon fufil qu'on
laiffe repofer dans un magazin jufqu'au moment de s'en fervir de nouveau , mais cette étrange fupreffion
n'empêche pas qu'il ne réfulte de la
livraifon du riz fur la quelle elle tombe
une preuve inconteftable de ce que
j'ai avancé que le riz étoit tout à la
fois plus fubftantiel & moins coûteux,
même dans nos climats , que le pain.

Qu'eft-il donc en Afie , en Afrique,

dans tous ces lieux où on le recueille où il se consomme sur la terre qui l'a produit ? Il y est le plus simple, le plus bienfaisant de tous les aliments, la plus sûre & la plus facile ressource de l'indigence. En tout pays, sous tous les climats, il est donc préférable au pain.

CHAPITRE III.

Que l'ufage du pain eft contraire à la liberté & à la population.

DE toutes les matieres que l'eftomac de l'homme peut digérer fans fe
détruire tout d'un coup, il n'y en a
peut-être pas qui foit plus dangereufe
que le pain. Il l'eft au phyfique, il l'eft
au moral, il l'eft à ne l'envifager que
du côté de la politique.

Au Phyfique, il fait un fang epais
qui circule avec peine qui fe corrompt
aifément. Tout le monde en convient·
Un des plus célebres aphorifmes de
medecine, c'eft que l'indigeftion en
eft mortelle; fi l'excès en eft nuifible
à ce point, il eft difficile de croire
que l'ufage en foit bien falubre.

On demande comment il eſt poſſi-ble que tant de millions d'hommes puiſſent vivre avec une drogue ſi meurtriere. On pourroit répondre par l'exemple de Mithridate qui étoit par-venu à digérer les poiſons, par celui du manioc dont le ſuc eſt un venin qui tue, & la partie farineuſe un aliment dont on ſe nourrit. L'habitude déna-ture tout. Nos corps ſont des milieux ſuſceptibles de toute ſorte de modifi-cations; mais qui ſe detruiſent à la longue par celles qui ſont contre leur nature même, en y réſiſtant.

On lit dans les voyageurs qu'il y a une nation en Afrique qui ne vit que de ſauterelles. Cette nourriture cor-rompt le ſang de ceux qui en uſent, au point qu'avant quarante ans leurs membres tombent en pourriture, & qu'ils expirent après avoir été tout vivants rongés des vers. Voilà l'em-blème du pain conſidéré phyſiquement

& l'explication de l'indolence qui nous
le rend néceffaire.

Quant au moral, je vois que l'efclavage, l'accablement d'efprit, la
baffeffe en tout genre dans les petits,
le defpotifme, la fureur effrenée des
jouiffances deftructives, le mépris des
hommes dans les grands, font les
compagnes inféparables de l'habitude
de manger du pain, & fortent des
même fillons où croît le bled.

Ie vois qu'en Afie, & dans tous les
lieux où il n'a point pénétré, les
mœurs fe font confervées fimples, les
gouvernements juftes & la vie douce,
même pour les dernieres claffes de
la fociété, ou plutôt fur-tout pour
elles.

Je vois au contraire, qu'en Europe,
leurs chaînes font devenues intoléra-
bles, en raifon de l'accueil que l'on
a fait à l'agriculture ; que c'eft, de
tous les pays du monde, celui où le

pauvre eft le plus effectivement dans l'efclavage. Les éléments même y font ferfs, les matelots font claffés, les foldats font forcés de fe faire tuer fous peine de mort, les ouvriers ne peuvent faire ufage de leurs bras qu'avec des patentes ; l'air, l'eau font enchaînés ; la mer, le plus indépendant, le plus indomptable des êtres, eft foumife à des réglements. Ils font étendus fur fes rivages, comme des filets deftinés à furprendre, finon les poiffons, au moins les hommes qui ont l'imprudence de s'en approcher.

Et l'origine de l'efprit qui a engendré ces fers de tant d'efpeces, je la retrouve dans la contrainte éternelle, à laquelle notre agriculture foumet le cultivateur & le confommateur.

Le premier eft lié à la terre, par le cercle non interrompu de fes travaux, par fes craintes, par fes efpérances. Le fecond ne l'eft pas moins par la

modicité de fon falaire, que l'avarice
a combiné de maniere qu'il équivaille
à peine à fa fubfiftance ; par fes préjugés qui lui font croire qu'il ne peut
ex fter qu'avec du pain, qu'il périroit
s'il faifoit ufage de toute autre efpece
d'aliment ; par fon indigence, qui lui
ôte le m yen de faire des provifions,
qui le réduit à ne manger qu'autant
qu'il travaille & qu'il eft payé, &
qui l'aftreint par conféquent à des fatigues au-deffus de fes forces dans les
jours où il trouve de l'occupation :
tandis que le repos forcé des jours
d'oifiveté, augmente encore fon épui-
fement au lieu de le réparer, à caufe
de l'inanition & du défefpoir qui l'accompagnent.

De-là réfulte pour tous deux cet état
habituel d'angoiffe qui les flétrit, cet
anéantiffement abfolu qui éteint les
facultés de leur ame, qui les rabaiffe

vers la terre, comme les animaux affociés à leurs manœuvres.

D'un autre coté, le riche, maître
du fol, & de l'unique denrée dont les
hommes veuillent fe nourrir, s'en pré-
vaut. Il en fait l'objet de fes fpéculations. Il profite de la néceffité factice,
dont on la fuppofe, pour en furhauf-
fer le prix.

Ce n'eft que de nos jours qu'on a
ofé ériger le monopole en art & le
fecret de perpétuer les famines en
vertu : mais dans tous les temps, le bled
a produit, avec les charanfons qui le
le confument, des marchands adroits,
qui ont tâché de tirer leur fortune de
la variation des prix qu'ls favoient
faire naître. De-là, je le répete, la
dépendance aviliffante des petits, &
l'endurciffement inhumain des grands.

Ceux ci, une fois accoutumés à regarder la faim des autres comme une
fource de richeffes pour eux, n'ont

B v

plus connu d'excès déshonorants, ni
de maniere de jouir criminelle : de-là,
peu-à peu, cet abus des productions
de la nature, déguisé fous le nom de
progrès des arts : de-là cette molleffe
qui énerve les particuliers & les empires : de-là cette profufion des reffources en tout genre qui conftitue
ce qu'on appelle le luxe, & n'a jamais
été, comme je le dis encore, que dans
les pays où il y a du froment, des
moulins & des boulangers.

Enfin, quant à la politique, ces inventions ne font pas moins domma-
geables. S'il eft vrai, comme on n'en
fauroit douter, que la puiffance folide d'un prince confifte dans le nombre de fes fujets, on ne peut rien imaginer de plus abfurde que l'ufage ex-
clufif d'une denrée qui livre au befoin
& à la mort une partie du peuple au
moment où elle vient à manquer, ou
feulementt à changer de valeur.

La nature eft pleine de fubfiftances
préférables en tout fens, n'y eût-il
que la pêche. Les eaux en général, &
fur-tout la mer, font une vafte campagne, qui offre des moiffons inépuifables; on n'y a que la peine de recueillir, & jamais celle de femer. La
proie y va au-devant de la main qui
la cherche. Elle s'accumule, elle s'en-
taffe, pour ôter à la mal-adreffe même
la poffibilité de la manquer. Elle fournit une nourriture plus légere, & cependant plus folide que le pain, plus
favorable à la population. La pêche
eft donc bien au-deffus de l'agriculture. Elle devroit lui être préférée.

Du moins, fi elle étoit autant en-
couragée, autant eftimée, elle deviendroit un de fes plus utiles fup-
pléments. Dans les temps de famine,
on vivroit de poiffon fans dégoût &
fans dépenfe. La compaffion du gouvernement pour la partie fouffrante

B vj

du peuple, feroit plus fructueufe.

On a vu quelquefois la police, ou
attendrie, ou alarmée des cris de la
multitude, prendre fur elle de faire
enfoncer les magafins, & de remplir
les marchés, aux dépens des propriétaires : mais cette abondance forcée,
au lieu de guérir le mal, ne fait que
l'augmenter. Les monopoleurs ra-
chetent à bon marché le bled qu'on
vend malgré eux. Le peuple n'y gagne qu'un inftant de foulagement ;
& les murmures qu'excitent les mefures que prennent les monopoleurs
pour fe mieux cacher, rendent enfuite
la difette plus dure & plus conftante.

On a vu d'autres fois des princes généreux acheter du grain cher, & le
vendre à perte. Cette opération eft
plus douce, mais elle n'eft pas plus
utile. Elle a le même inconvénient.
Le pauvre, qui ne peut fournir qu'à
fa fubfiftance journaliere, voit ce fe-
ur s paffage r abforbé fans en avoir

jouï. C'eft encore le riche qui fe l'appro-
prie & qui en abufe pour fe faire
payer du moment où il a été forcé de
fermer fes propres greniers. Le bled
fourni par l'humanité , retourne dans
les prifons de l'opulence ; il n'en fort
plus qu'avec un paffe-port de l'avarice ;
& l'indigent, victime de la compaffion
même qu'il infpire , doit fa perte précifément aux moyens imaginés pour
le fecourir.

Diftribuez du poiffon , au lieu de
bled , & cet inconvénient difparoît.
La confervation en eft difficile , limi-
tée , défagréable. La confommation
fera la mefure de l'empreffement. Le
riche fuira l'odeur huileufe , attachée
aux fruits de cet acte de bienfaifance ;
& le pauvre, moins délicat , s'applau-
dira de refter feul à tendre la main
pour les recevoir.

On prétend que l'agriculture , c'eft-
à-dire , dans le langage économique ,

l'art de faire venir du bled pour en
tirer du pain , eſt le ſeul ſecret d'avoir
beaucoup d'hommes. Cela n'eſt pas
vrai. Il n'y a point de pays ſi peu peuplés , que les plaines proſtituées au
labourage. Il ſemble que cet art funeſte porte avec lui la ſtérilité qu'il
combat , & qu'il tue les hommes , en
multipliant leurs ſubſiſtances.

Comparez , pour la population , la
Picardie , la Beauce , toute couvertes
de moiſſons dorées , à la Normandie ,
au Poitou , qui n'ont preſque que des
pâturages & des vergers , à la bonne
partie de la Champagne qui n'a que
des vignobles. Dans celles-ci , vous
trouverez les villages entaſſés les uns
ſur les autres ; vous découvrirez de
toutes parts une nature riante & ani-
mée ; vous verrez les richeſſes & les
hommes ſe multiplier comme les arbres
qu'ils taillent , & les beſtiaux qu'ils
régiſſent.

Dans les autres, vous vous croyez à chaque inftant tranfplanté au milieu d'un défert. Des efpaces arides, des plaines defféchées, des habitations rares & ifolées, des bâtiments de boue, où tout annonce l'indigence & la faim, font des fignes trop vifibles du fléau qui les défole. Quelques meules de grains difperfées çà & là dans les campagnes, ne paroiffent indiquer des marques d'abondance, que pour faire un contrafte plus frappant avec la mifere à laquelle font en poie les mains qui les ont recueillies (a).

Si nous fortons de la France, nous

(a) Il n'y a rien de fi peuplé que le voifinage des rivieres, leurs bords font par-tout occupés par des prairies ou des vignobles. Voyez la Seine, la Marne, l'Aine, la Loire, la Garonne, le Rhin, la Mofelle, le Rhône, la Saone, &c. S'il y a quelques endroits où le terrain ait paru plus favorable à la culture du bled, vous pouvez être certain de voir fur le champ la population diminuer, & les villages fuir.

remarquerons que la Hollande & la Suiſſe, les deux pays du monde les plus peuplés, ne ſont point des pays d'agriculture.

Quoi qu'on en diſe, il en eſt de même de l'Angleterre. Elle n'eſt rien par ſes terres à bled. Il n'y a pas à Londres, & dans ſes autres ports, qui ſont à-peu-près toute la nation, un quart des habitants qui vivent du ſol. C'eſt le commerce qui les nourrit, comme en Hollande.

En Suiſſe ce ſont les pâturages & les manufactures.

L'Allemagne, la Pologne, tout le Nord n'a fourni ces immenſes peuplades qui ont ébranlé, & enfin détruit l'empire Romain, que quand ces con-trées avoient beaucoup de chaſſeurs, beaucoup de pâtres, & pas un labou-reur. Depuis que leur ſol a été fertiliſé par la charrue ; depuis que les ports de la mer Baltique ont été regardés comme des greniers inépuifables , la fécondité qui rendoit les nations fep- tentrionales fi puiffantes , s'eft tarie. Cette grande fabrique d'hommes a ceffé de fournir les effains nombreux qui portoient par-tout la terreur & les ravages.

L'Afrique eft en général peu peu- plée ; mais perfonne n'ignore que , de toutes les contrées habitables de cette partie du monde, l'Egypte & la Barbarie font les moins habitées.

Enfin, quelque part que vous jetiez les yeux , vous trouverez dans le fait la réfutation de cet axiome fi impo- fant des *économiftes* , que *la population eft toujours en raifon des fubfiftances* , c'eft-à dire , fuivant eux , de la repro- duction des grains. Vous vous con- vaincrez au contraire , que la charrue ouvre le tombeau de notre efpece , en traçant les fillons où le bled va croître. Cet inftrument, regardé par tant d'ef-

prits peu attentifs comme l'emblême
de la paix, de la fécondité, eſt peut-
être encore plus redoutable pour le
genre humain, que l'épée qui en ſuſ-
pend l'exercice.

Si vous ètes jaloux d'une population
nombreuſe, la pêche, les prés, les
bois, ſont les moyens de ſubſiſtance
qu'il faut favoriſer. Si vous êtes jaloux
de gouverner une peuplade heureuſe,
qui ne ſe conſume point à des travaux
mal ſains, qui reſpecte ſon maître
ſans le redouter, qui ne connoiſſe
point le joug aviliſſant de la richeſſe,
ni le tourment meurtrier de la faim,
apprenez-lui à ne tirer ſes aliments
que de la pêche, des prés & des
bois.

Je le répete, c'eſt le luxe qui néceſſite le pain ; & il le néceſſite, parce
qu'il n'y a point de genre de nourriture
qui tienne plus les hommes dans la
dépendance : mais il ne ſonge pas qu'il

n'y en a point auffi qui en diminue autant le nombre, & en empêche plus fûrement la reproduction.

Un pays de pâturage eft néceffairement plus peuplé qu'une campagne à bled. La terre en pré rend réellement plus en fubftance que la terre à labour, & tout ce qu'elle rend tourne à la fubfiftance des hommes. Ils boivent le lait. Ils mangent la chair des beftiaux qui ont confumé l'herbe. Ce font pour ainfi dire, des marmites vivantes dans lefquelles ils ont fait cuire, & préparer fans fatigue & fans dépenfe cet aliment infipide par luimême.

C'eft-là, c'eft dans les prairies que les hommes ont du loifir & de la gaieté. C'eft-là qu'ils font des églogues, qu'ils chantent l'amour & la liberté. C'eft-là que le nom de payfan n'eft point une injure, & que leur efprit fe fortifie par le repos du corps, au-

lieu qu'une fombre triftelle couvre les
plaines déchirées par le foc. Un abru-
tiffement honteux en accable le con-
ducteur. Ni le plaifir, ni le raifonnement ne font fats pour lui, & s'il
n'avoit l'habitude de marcher fur deux
pieds ; vous auriez fouvent peine à le
diftinguer des animaux qu'il dirige.

Tout bien confidéré, le principe que
j'ai avancé eft donc vrai. Vu du côté
de la politique, le bled n'eft pas moins
pernicieux qu'au moral & au phyfique. Jamais hommes n'ont été moins
en état de travailler à la population
que ceux qui mangent du pain.

Cependant. je le fais bien , nous ne
nous corrigerons pas de l'habitude
d'en manger. Toutes nos nations Eu-
ropéennes font divifées en deux claffes, l'une qui travaille à le produire
& qui le débite ; l'autre qui le confomme & qui l'achete. C'eft de tous
les commerces celui qui a le plus

d'activité, & même d'influence fur ce qu'on appelle le bonheur ou le malheur du peuple. Voyons donc par quels principes il doit être dirigé pour produire de bons ou de mauvais effets.

CHAPITRE IV.

Du commerce des bleds. Que ce n'est point à tort que ceux qui s'en mêlent sont odieux.

I L y a des préjugés dangereux, mais il y en a d'utiles ; il existe des opinions communes très-extravagantes , mais **on en trouve de très - respecta-**bles ; nous voyons tous les jours des préventions générales très - mal fondées , mais il s'en rencontre de très-solides , qui ont pris leur origine dans l'expérience & l'amour du bien public. De ce genre est , je ne crains pas de le dire , celle qui attache une sorte de flétrissure au commerce des bleds , & qui ne présente jamais le mot d'*accaparement* en ce genre , sans y joindre l'idée de la honte & du crime.

Tout homme qui fait des bleds un objet de spéculation en grand, commence par en faire des amas. Tout homme qui en a de grands amas redoute l'abondance, elle ameneroit un prix inférieur à celui de son achat : il desire la disette, elle seule peut lui assurer le bénéfice sur lequel il a compté. Il faut qu'il soit ruiné, ou que le peuple souffre.

Obligé d'opter entre son bien être personnel ou la douleur commune, il se donne, comme il est naturel, la préférence. Il devient donc nécessairement ennemi public. Chaque épi qu'il voit croître heureusement lui paroît une diminution de son trésor : chaque pain qu'il voit faire d'une farine qui n'est point sortie de son magasin, lui semble en compromettre l'opulence. S'il pouvoit cadenasser la bouche de tous les hommes qu'il rencontre, & les aftreindre à ne manger qu'avec fon attache, il le feroit, pour fe tranquillifer fur le fuccès de fon opération.

De cette difpofition, aux manœuvres qui font déferter les marchés, aux manipulations obfcures qui amenent la famine, ou, ce qui eft abfolument égal pour le peuple, la *cherté*, il n'y a pas loin. Il faudroit qu'un négociant en bled fût un prodige de générofité, qu'il fût le plus vertueux de tous les hommes, s'il fe les interdifoit par le feul amour du pauvre, par égard pour l'humanité ; & fi ce fentiment vivoit dans fon cœur, il ne feroit point négociant en bled : il ne feroit pas de la fubfiftance de fes pareils l'objet d'une fpéculation lucrative.

Il ne s'y eft attaché, que parce qu'il a prévu que la denrée dont il accumuloit les tas, ne tarderoit pas à renchérir.

rir. Peut-être s'est-il flatté que ses amas
produiroient cet effet. C'est donc sur
le malheur de quelqu'un , & de la
partie de la société la plus à plaindre,
qu'il a tablé.

Il a dit dans son cœur : je mettrai
un impôt sur la misere du peuple. J'ai
mille septiers de froment dans mon
grenier ; si le prix en pouvoit doubler
je doublerois mon capital. Il faut donc
tâcher de parvenir à cette heureuse
augmentation. Il est vrai que les ouvriers de cette manufacture, les artisans qui font fleurir cette ville, les
journaliers dont cette campagne est
remplie, ne verront pas doubler leur
salaire ; ne recevant que la même
somme pour l'équivalent de leurs travaux, ils seront forcés de s'endetter
pour se procurer la même quantité
de pain, ou de diminuer la moitié de
la subsistance de leur famille : mais
que m'importe ? Le grand point pour

Tome VI. C

moi, c'eſt que mon bled ſoit vendu trente livres, afin que j'en gagne quinze. Le reſte m'eſt indifférent.

Le peuple ſent que ce raiſonnement eſt la conſéquence néceſſaire des démarches du négociant en bled. Il ſent que, ſi l'accapareur ne l'a pas fait, il a pu, il a dû le faire : ſans quoi ſa conduite ſeroit de la derniere inconſéquence. Le peuple ne le voit donc que comme un homme juſtement ſuſpect, comme un homme cruel, prêt à le ſacrifier pour aſſurer ſa fortune. Il eſt donc naturel qu'il le haïſſe, qu'il le décrie, qu'il ſoit toujours prêt à l'inſulter, & ſouvent à paſſer des outrages à des marques de colere encore plus violentes.

La police arrête avec raiſon ce tranſport ; mais enfin il eſt excuſable. On voit qu'il eſt fondé ſur des conſéquences très-juſtes & ſur un principe incontestable.

Les philofophes économiftes attaquent avec enthoufiafme, & le principe, & le fentiment qui en eft l'effet.
Ces protecteurs généreux du *pauvre
peuple*, ne peuvent lui pardonner de
regarder comme des oppreffeurs dé-
teftables, des calculateurs dont il voit
que les fupputations ont fa mifere
pour bafe, & fon défefpoir pour objet; ils veulent le forcer à payer leurs
manœuvres de fa reconnoiffance. Ils
exigent qu'en expirant d'inanition à la
porte de ces greniers, où l'abondance
ne fe concentre que pour produire la
famine, fes derniers foupirs foient des
remerciments pour fes affaffins.

D'un autre côté, ils fe recrient avec
emportement contre les efforts de la
police, qui a quelquefois fait enfoncer
les barrieres de ces magafins meurtriers, & dérangé les opérations de
l'avarice qui s'y étoit retranchée. Gêner, difent-ils, le commerce des

bleds, c'eſt manquer à l'humanité &
au droit naturel ; c'eſt en détruire la
réproduction & violer le droit de la
propriété ; c'eſt décourager le laboureur ; c'eſt empêcher que le commerce
ne vienne ſuppléer au défaut de nos
moiſſons ſi elles ont manqué, ou vous
débarraſſer du ſuperflu qu'elles ont
produit dans le cas contraire ; c'eſt
enfreindre les loix qui aſſurent à chaque propriétaire la libre jouiſſance des
productions que ſon travail & ſon
induſtrie ont fait naître.

Les bleds, continuent-ils, ſont une
denrée ſemblable en tout aux autres
objets du négoce. Le trafic n'en doit
point être dirigé ſur des principes différents : or ſur toutes les autres matieres, on ne s'eſt jamais aviſé d'empêcher les ſpéculations des marchands.

Dans le droit elles ſont légitimes,
puiſqu'ils ne diſpoſent que des effets
dont ils ont acquis la propriété. Dans

le fait elles font utiles, puifque leurs amas font autant de cautions contre la difette, ou leur vente autant de fources de richeffes : pourquoi le bled, qui eft effentiellement fufceptible des mêmes opérations , fera-t-il foumis à d'autres regles ? Voilà les principaux axiomes des philofophes que je réfute. Il eft difficile de rien dire de plus fpécieux & de plus faux.

CHAPITRE V.

Que le commerce des Bleds ne peut pas
être dirigé d'après les mêmes regles
que celui des autres denrées, & que la
police a droit de faire quelquefois
garnir les marchés, même par force.

D'ABORD l'identité fuppofée entre
le bled & les autres objets du commerce, eft une chimere cruelle, deftructive du premier de tous les droits,
combattue par la raifon & par l'expérience, propre uniquement à aveugler
les meilleurs efprits, & à introduire
dans l'adminiftration les plus affreufes
méprifes, au lieu des vérités qui doivent la diriger. Il y a dans le fait &
dans le droit une prodigieufe différence entre ce préfent de la nature,
dont l'habitude fait une néceffité ex-

clufive & journaliere , & ces productions de l'induftrie , dont l'ufage
n'eft jamais indifpenfable , & dont
l'achat peut toujours être différé.

Dans le droit , tout être vivant a
un titre pour exiger des aliments. Ses
dents & fon eftomac, voilà fa patente.
Il la tient de la nature , & c'eft la plus
refpeftable de toutes les chancelleries.
Le premier de fes devoirs & le plus
facré, c'eft de veiller à la confervá-
tion , c'eft de chercher fa fubfiftance ;
de ce devoir fuit le droit de s'emparer,
quand le befoin le preffe affez vive-
ment pour expofer fa vie , de tout ce
qui peut le fatisfaire.

La fociété a pu reftreindre ce droit :
elle a pu fixer la maniere de le faire
valoir, exiger des équivalents, en mo-
difier l'exercice ; mais elle n'a pu
l'anéantir.

Cela eft fi vrai , que chez les peuples les plus attachés à la loi de la

C iv

propriété, chez ceux qui ont porté contre le vol les ordonnances les plus rigoureuses, il ne s'eft jamais trouvé un légiflateur qui osât les appliquer à la fouftraction d'un pain, faite par un homme prêt à périr de faim. Dans tous les tribunaux du monde, l'exceffif befoin fera toujours la juftification d'un larcin qui n'aura porté que fur des objets propres à fervir de nourriture. Il n'y a point d'avare qui ne frémit d'en rendre fa plainte, & point de juge qui ne rougit de la recevoir.

Ce qui eft permis à chaque particulier, peut-il être défendu à tout un peuple ? Ce qui n'eft pas un crime pour chaque individu ifolé, peut-il en devenir un pour toute une nation dont la partie la plus utile va périr, fi on ne la foulage promptement, fi l'on ne commet pour elle, & en fon nom, cette efpece de brigandage lé-

gitime que la néceffité excufe, & que
le befoin exige ?

Sans doute on n'a jamais enfoncé
la porte d'un fabricant de draps ou
de toile, pour enlever juridiquement
fes étoffes, & les diftribuer aux pauvres contre fon gré. La raifon e nft
fimple. 1°. Comme je le dirai tout-à-
l'heure, le prix n'en eft pas fujet à
des variations auffi promptes, auffi
difproportionnées que celui des grains.
2°. L'achat d'un habit ou d'une che-
mife n'eft jamais urgent.

Quelque dénué que vous foyez de
vêtement, ce n'eft jamais aujourd'hui
qu'il faut vous en fournir un, fous
peine de compromettre votre exiftence. Les haillons qui vous ont couvert hier, pourront encore vous rendre
ce fervice au moins jufqu'à demain ;
mais il n'en eft pas de même du pain.
Voilà une famille à qui il en faut pour
vingt fols tous les jours : elle n'a que

C v

ces vingt fols à donner pour la portion
qu'elle en confomme. Elle périra donc,
fi vous ne voulez la lui donner que
pour quarante fols.

Direz - vous qu'elle peut fe réduire
à moitié ? Non : fa fubfiftance de demain, le retour de ces vingt fols même,
qui ne lui affureroient, au gré de cette
cruelle économie, qu'une demi-vie,
eft fondé fur la vigueur des bras de
fon chef ; mais s'il n'a mangé hier que
la moitié de ce qu'il falloit pour l'entretenir, fes bras affoiblis ne feront
demain que la moitié de fon ouvrage.
De proche en proche la continuation
du régime & l'amoindriffement du
gain le conduiront en huit jours à
l'hôpital, & fes enfants au cimetiere.

Dans le droit, il y a donc évidemment des cas où la néceffité autorife
la police à faire même avec violence
garnir les marchés, & à n'avoir pas
pour les magafins de bled le ména-

gement qu'elle a pour ceux d'étoffe. L'accapareur en bleds eſt non-recevable à revendiquer la ſécurité du fabricant de ſiamoiſes, ou du manufacturier d'Elbeuf. Il n'y a aucun parallele à faire entre *Maliſſet* & les *Vanrobais*.

Mais dans le fait les ſuites du renchériſſement dans l'un & l'autre genre, & la facilité de l'opérer, établiſſent entre eux une bien autre différence. Qu'un marchand dans une ville augmente un matin ſes indiennes ; qu'au lieu de les donner à 3 livres l'aune, il ne veuille les livrer qu'à 3 livres 10 ſols, ſon caprice ne fera de tort qu'à lui - même : il n'influera pas ſur les diſpoſitions de ſes confreres : il ne fera même qu'aſſurer leur débit : il verra les acheteurs refluer chez eux & leurs marchandiſes diſparoître, tandis que la ſienne lui reſtera. Il n'en eſt pas de même du grain.

C vj

Il étoit hier à vingt livres. Qu'à
l'ouverture du marché il fe préfente
deux hommes, l'un qui le fafle vingt-
quatre livres ; & l'autre qui l'achete
fur ce pied, voilà le prix du marché
établi : le bled vaudra vingt-quatre
livres, fi même il ne va pas au delà.

Sur le champ l'avarice, qui veille
fans cefle autour des facs, foupçonne
que la cherté peut être fufceptible
d'accroiffement. Le marché fuivant,
fans m me qu'il y ait des manœuvres
plus criminelles que le defir ordinaire
du gain, le prix fe réhauffe encore :
alors il eft avéré qu'il y a difette. Ce
bruit devroit, ce femble, faire ouvrir
tous les greniers, il les ferme au contraire : on fuppofe qu'il n'y a que de
l'avantage à attendre : on fe fixe un
taux d'augmentation jufqu'à l'arrivée
duquel on ne portera rien fur la place,
& la difette devient famine.

Vous dites qu'avec la liberté le

commerce accourra de proche en proche, & préviendra cet inconvénient : c'eſt ce que j'examinerai plus bas. Mais enfin, quand toutes vos aſſertions à ce ſujet ſeroient auſſi inconteſtables qu'elles me paroiſſent douteuſes, il faudra du temps avant que le convoi ſoit arrivé, & le bled redeſcendu à vingt livres. Juſques-là tous ceux qui en auront eu beſoin l'auront payé vingt - quatre livres, ce qui ne fait pas un petit objet.

D'ailleurs, qui vous aſſurera que le bruit de la diſette d'Abbeville ne fera pas auſſi déſerter le marché d'Amiens? Qui vous peut garantir que d'Amiens l'eſpece d'*embargo*, mis par la cupidité, ne s'étendra pas à Noyon, à Saint - Quentin, dans l'Artois ; que toutes les routes, par leſquelles pourroit arriver le ſecours, ne ſeront pas infeſtées par cet ennemi commun qui le redoute ?

La fecouffe une fois donnée fe répand au loin. La bonne volonté même
du commerce pourroit donc être inutile : la terreur ou l'efpérance ne s'éva-
nouiroient qu'imperceptiblement. En
attendant, le pain eft renchéri dans
tous les lieux qui en ont été les théa-
tres; &, prenez-y garde, le coup n'a
porté que fur le peuple.

C'eft une remarque bien effentielle.
Les gens aifés ont des provifions ; ou
ils recueillent du bled, & quand celui
qu'ils confomment acquiert paffagé-
rement plus de valeur, il ne leur en
coûte pas davantage ; ou ils n'en recueillent pas, mais alors ils choififfent
le moment favorable pour acheter ce
qu'il leur en faut. La confommation
de la maifon eft toujours prête d'a-
vance dans le grenier, & l'on brave
avec cette reffource les augmentations
éphémeres.

Le pauvre ne l'a point, ce préfervatif utile. Le prix du moment eft toujours le fien. Obligé d'acheter à chaque marché, il fe fent de toutes les variations qui s'y fuccédent.

Et quand le riche n'auroit point à cet égard d'avantage fur lui ; quand il feroit également aftreint à un approvifionnement journalier, quelle prodigieufe inégalité fubfifteroit encore entre ces deux claffes de la fociété, relativement aux bleds ! Quelle diftinction importante il y auroit à faire pour elles entre cette denrée & toutes les autres ! Quelle difproportion entre les effets qui réfultent pour chacune du hauffement des prix !

Que le *velours* & le *pagnon* augmentent du double fi l'on veut, le manouvrier s'en inquiete peu. La bure, dont il fe couvre, ne fe fent point des influences des belles fabriques. La baptifte, les perfes, la dentelle, tous ces aliments du luxe, toutes ces fuperflui-

tés précieuses, qui le nourrissent &
qui l'épuisent, n'intéressent que les
maisons opulentes, dont elles absorbent les revenus ; mais si le pain augmente tout d'un coup, c'est dans la
chaumiere du vigneron, du batteur
en grange, que l'alarme se répand,
& sans intervalle le désespoir.

Le bourgeois à son aise apprend
cette nouvelle sans inquiétude ; dans
le cas même, où comme je viens de
le dire, il se ressentiroit, ainsi que ses
ouvriers, de la surcharge, c'est pour
lui un objet imperceptible, autant
qu'un fardeau accablant pour eux. Je
suppose qu'il ait chez lui dix bouches
à nourrir, à trois septiers par an chacune : quand le bled valoit 15 livres,
c'étoient 450 livres qu'il payoit à son
boulanger ; le bled monte à 30 livres,
il ne lui en coûte que 900 livres. S'il
a deux mille écus de rente, c'est à

peine $\frac{1}{13}$ de fon revenu que la cherté lui emporte.

Mais chez un journalier, qui a fa femme à nourrir avec fix ou fept enfants, & qui gagne à peine 250 livres par an, les fêtes & les jours fans travail prélevés, en doublant le prix du pain, vous doublez toute fa dépenfe. Il s'en faut jufte d'une fomme égale à tout fon gain de l'année, qu'il n'ait de quoi vivre ; il ne reçoit que 250 livres, il faut qu'il en paie 500 l.

Il eft donc bien plus que ruiné : car ce qu'on appelle ruine dans le monde, dans le langage honnête des gens comme il faut, n'eft qu'une diminution de fortune : c'eft un accident qui compromet rarement l'exiftence de celui à qui il arrive ; il ne lui ôte que le fuperflu. Mais ici, c'eft la moitié du plus rigoureux néceffaire, que l'infortuné fe voit ravir.

Pour fuppléer à fa perte, il faut

qu'il s'excede de travail & d'abſtinen-
ce, ce qui ne le garantit ni lui, ni ſa
femme, ni ſes enfants, d'un ſort funeſte ; c'eſt ſon ſupplice & le leur qu'il
prolonge, plutôt que ſa vie. L'inſtant
qui vient terminer cet enchaînement
de défaillances, n'en eſt ni le plus douloureux, ni le plus amer.

Il n'y a donc, quoi qu'on diſe, aucune reſſemblance entre la denrée
conſacrée parmi nous à la ſubſiſtance
habituelle, & toutes les autres matieres ſur leſquelles s'exerce impunément
le génie ſpéculateur des négociants.
La police, reſponſable à l'état de la
conſervation des hommes laborieux
qui en font le ſoutien, peut & doit
mettre un frein à toute eſpece de manœuvre qui tendroit à la compromettre. A l'inſtant où elle court le moindre
riſque, il n'y a pas de moyen qu'elle
ne ſoit obligée de mettre en œuvre
pour l'aſſurer.

C'eft alors que l'axiome, *falus populi fuprema lex efto*, doit être mis en ufage dans toute fon étendue. C'eft alors qu'il faut chercher du bled où il eft, & par-tout où il eft. C'eft alors qu'il faut garnir le marché à quelque prix que ce foit. Le prétendu propriétaire n'en devient plus que le gardien : fa prérogative, comme toutes les autres fans exception, cede à un droit encore plus facré, fource ou écueil de tous les droits, à la néceffité.

CHAPITRE VI.

Que la violence par laquelle la police force les propriétaires des grains à garnir les Marchés, n'est ni contraire au droit naturel, ni nuisible par ses effets.

CETTE démonstration me semble palpable. Qu'y répondent les économistes ? Deux choses : 1°. par-là, on blesse la propriété. 2°. On nuit au bien public, d'abord en décourageant le laboureur, qui ne semera qu'autant qu'il sera sûr de recueillir le produit de sa semence, & d'en disposer à son gré ; ensuite, en écartant le commerçant qui pourroit seul suppléer à la stérilité de vos campagnes, ou à l'inaction de vos agriculteurs.

La premiere objection est réfutée

d'avance. La propriété partielle du maître de quelques facs de grains, eft fubordonnée à la propriété univer- felle qu'a tout un peuple en corps fur le terroir qu'il occupe, & fur les fruits qui y croiffent.

En fuppofant que la réunion des hommes en fociété foit volontaire, & fondée fur des conventions, jamais fans doute ces conventions n'ont fti- pulé que le poffeffeur invefti du do- maine d'un champ en deviendroit le propriétaire, l'arbitre, fans exception ni limitation quelconque : jamais fes voifins, en s'engageant à refpecter fa jouiffance, n'ont juré de mourir de froid auprès de fa haie, plutôt que d'en couper les branches fans fa per- miffion pour faire du feu, ou de faim à la porte de fa grange, plutôt que d'y entrer fans fa volonté pour y pren- dre du grain.

Ils ont renoncé à rentrer dans leur

ancienne poffeffion indivife , tant que
par leur travail , ou par celui d'autrui ,
ils pourroient fe procurer des aliments,
ou de l'abri contre les injures de l'air.
Mais à l'inftant où toute reffourcé à
cet égard leur manque , la haie & la
grange redeviennent communes , du
moins tant que le befoin exifte , &
qu'une néceffité abfolue place les
voifins du propriétaire entre l'infrac-
tion de la loi ou la mort (1).

Qu'on y prenne garde ; c'eft un cas
qui fort de la regle ordinaire , & qui
ne peut jamais tirer à conféquence.
C'eft ici au maintien de la fociété,
que l'on facrifie la loi fondamentale

(I) Ceci eft une réfutation fuffifante de
l'axiome, avancé , page 295 des *repréfenta-*
tions aux magiftrats. Les befoins, y eft il,
ne font point des droits , & les droits font
avant tous. Quel cruel maître eft ce donc que
la philofophie, fi de femblables maxi ▪ ▪ ▪ nt
le fondement de fes leçons.

de la fociété : c'eft à la confervation
des bras, fans lefquels la propriété
ne deviendroit qu'un titre onéreux ou
illufoire, que l'on fait céder le privilege effentiel du propriétaire. C'eft
donc vraiment fon bien que l'on affure, en paroiffant le maltraiter. C'eft
pour l'affermiffement durable de fa
jouiffance qu'on femble la violer par
une contrainte paffagere.

Quant à l'influence que peut avoir
fur l'état du laboureur, & fur l'activité de fes travaux, la crainte de ne
pouvoir difpofer defpotiquement du
produit de ces travaux même, il y a
une multitude de réponfes à donner :
je ferai voir plus bas, en parlant de
la cherté du pain, que ce n'eft point
le laboureur qui en profite : je démon-
trerai qu'elle lùi eft même bien plus
nuifible qu'utile ; je me contenterai
pour le préfent de faire une obferva-
tion fort fimple.

Tous les états ont des avantages
& des inconvénients : tous d'un côté
procurent des plaifirs à ceux qui les
exercent, & de l'autre les affujettif-
fent à des peines, à des défagréments
plus ou moins forts. Quand on les
embraffe, on fait à quoi l'on s'engage.

Le laboureur trouve dans fa profeffion la certitude de vivre, puifque
c'eft par fes mains que paffe d'abord
la matiere premiere de la fubfiftance,
le fonds de tous les aliments. Il y
trouve une forte d'empire abfolu, fur
tous les gens qu'il emploie. Il y trouve
la fimplicité des mœurs, la tranquillité de la vie, & une véritable abondance qui en fait le charme.

En échange, il fait auffi que la denrée qu'il fait naître, eft par fa néceffité
même plus particuliérement foumife
à l'infpection de la police. Il fait qu'il
n'y a en quelque forte qu'un demi
droit ; il fait que dans le cas où il
arriveroit

arriveroit une difette, c'eft dans les greniers qui en feront remplis qu'on cherchera des reffources. C'eft une des claufes tacites de fon bail, c'en eft une des charges.

Le droit du fermier peut - il être plus facré que celui du propriétaire dont il tient la place ? Nous venons de voir que, fuivant les vrais principes de l'ordre & de la nature, le propriétaire même ne pourroit oppofer fa franchife & fa poffeffion aux ordres d'une police éclairée. Comment fon repréfentant pourroit - il s'y fouftraire ?

Mais, dites-vous, il a un bail. Le prix de ce bail ne diminue pas en raifon de ces enlevements violents auxquels vous le foumettez. Non, fans doute, il ne diminue pas, & il ne doit pas diminuer. Quand il feroit vrai qu'on exerçât cette violence envers le laboureur, elle ne lui feroit pas pré-

Tome VI.   D

judiciable. Au contraire, elle lui affureroit un très gros bénéfice.

Ces commiſſaires, ces archers, contre leſquels les économiſtes épuiſent les traits de leur éloquence, ces furets qu'ils ſont ſi fâchés de voir ſur la piſte du négociant en bled, n'enlevent pas les grains pour rien ; ils ne les volent pas ; ils les font porter ſur la place, ils les y font vendre. Mais le prix qu'ils y fixent eſt encore fort au - deſſus du prix ordinaire, ſur lequel ſeul le laboureur a compté quand il a contracté ſes engagements.

On le prive, il eſt vrai, d'un bénéfice arbitraire & exceſſif ; mais on lui aſſure un gain honnête, un gain qu'il n'a pas même eſpéré en entrant dans ſa ferme. On ne lui fait donc aucun tort réel ; le prétendu privilége que l'on viole en ſa perſonne, n'eſt que celui de la cupidité.

Une derniere réponſe déciſive à

toutes les déclamations économiques contre l'ouverture involontaire des greniers, à ces gémiſſements des phi-loſophes ſur les effets funeſtes qui en réſultent pour la culture, ſur la ty-rannie décourageante à laquelle on aſſujettit par-là le laboureur, c'eſt que ce n'eſt jamais ſur lui qu'elle tombe. Ce ne ſont pas les payſans que l'on inquiete dans les cas preſſants. Ce ſont les marchands, les regratiers million-naires, dont les enlevements ont ſou-vent néceſſité l'apparence de diſette à laquelle on les ſacrifie.

On ne va pas chercher les ſecours dans les granges du fermier honnête qui n'y reſſerre que les fruits de ſon travail. On ne s'adreſſe qu'à ces ré-ceptacles ténébreux de l'intrigue & du crime, où des manœuvres ſecretes ont fait couler ſans bruit la ſubſiſtance d'une province. On ne va fouiller que dans ces tanieres myſtérieuſes, où l'a-

varice, comme les animaux carnaciers
dont elle a les mœurs & l'allure, s'eft
dérobée avec fon butin. C'eft là qu'on
la trouve pâle, inquiéte, tourmentée
de fes remords plus encore que de fes
defirs, couchée fur ces facs qu'elle
s'eft flattée de métamorphofer en or,
& interdite à l'afpect du jour qui pé-
netre dans fon afile.

Marchez, peres du peuple, protecteurs du pauvre. Combattez le
monftre, arrachez - lui fa proie. Ne
foyez pas émus des hurlements qu'il
jette à l'inftant où la main de la juftice le faifit. Ne le foyez point de la
fureur avec laquelle vous pourfuivent
tous ces infectes bruyants, accoutumés à vivre de fes reftes, approbateurs
intéreffés d'une morale qu'ils prati-
quent : méprifez leurs vains efforts,
& n'en foyez ni moins fermes, ni
moins tranquilles fur la légitimité d'une

expédition à laquelle tient le falut de vos compatriotes.

Les opérations dont je viens de parler ne font qu'un remede, je l'avoue. Elles ne fauroient être un état conftant, un régime habituel ; j'ai eu foin d'en avertir ; c'est la néceffité qui les motive, elles ne doivent pas s'étendre au-delà ; il faut donc trouver un procédé qui en épargne l'ufage, ou du moins qui le rende rare.

Mais quel eft-il ce procédé précieux & falutaire ?

Eft-ce un recueil de réglements combinés avec fageffe, d'inftitutions fondées fur l'expérience & la réflexion, une loi qui regiffe la maffe des bleds exiftante dans un royaume, comme on gouverne l'eau qui fait le jeu d'une éclufe ? Une loi qui ouvre à propos les portes pour laiffer échapper le fuperflu, & les ferme de même

D iij

à l'inftant où une évacuation trop forte
pourroit vuider le fac , & y mettre le
fluide au-deffous du niveau qui le rend
utile ?

Eft-ce une liberté indéfinie , qui ne
reçoive de regles & de modifications
que de la nature même , qui épargne
au gouvernement jufqu'aux foins &
aux frais de la manutention , qui le
réduife au fimple emploi de témoin
de tous les incidents qui fe pafferont
fous fes yeux ?

A laquelle de ces deux manieres de
fe conduire eft dûe la préférence ?
L'une & l'autre ont des partifans & des
adverfaires zélés , qui prétendent tous
être également infpirés par la raifon ,
& par l'efprit de bienfaifance. Avant
que d'examiner ceux qui font les mieux
fondés à s'approprier ces attributs ,
voyons un des principaux réfultats de
la liberté. S'il fe trouvoit qu'elle pro-

duisît néceſſairement un grand mal ,
il n'y auroit plus d'embarras pour
prononcer : la proſcription des effets
entraîneroit néceſſairement celle de la
cauſe.

D iv

CHAPITRE VII.

De la liberté dans le commerce des grains.
Qu'un de ses premiers effets néceſſaires,
de l'aveu des économiſtes , eſt de pro-
duire la cherté. Etranges variations
de ces philoſophes à ce ſujet.

L A liberté dans le commerce des
grains, ſi on en croit ſes partiſans, eſt
le palladium des empires , c'eſt l'ame
de la vie politique? Elle réunit les propriétés les plus contradictoires en apparence , & les plus ſalutaires. Si la
ſtérilité a frappé les campagnes , ſi un
état ſouffre de la famine , quel ſera le
remede à cette angoiſſe redoutable ?
La liberté.

Si au contraire une récolte abondante le charge d'un grand ſuperflu ,

qui le débarraſſera de cette réplétion onéreuſe ? La liberté.

La liberté prévient les engorgements, & ſoulage dans les diſettes ; la liberté fait fleurir les campagnes, & enrichir les villes. Avec la liberté, un état va de lui-même ; c'eſt une huile favorable, qui en aſſouplit tous les reſſorts, qui en fortifie toutes les jointures ; le jeu en devient doux, facile, inſenſible. Avec la liberté, un ſouverain ſe trouvera le plus heureux comme le plus oiſif des hommes. Son unique fonction ſera de s'établir le ſpectateur déſintéreſſé de la félicité dont jouiſſent ſes ſujets ; & ſon unique travail, de veiller à ce que rien n'altere le ſpécifique précieux qui en eſt la ſource, à ce que rien ne puiſſe ni en gêner l'uſage ni en reſtreindre l'application.

Cependant au milieu de cet enthouſiaſme important, & de ces panégyri-

D v

ques fans fin. Les économiftes ne
peuvent s'empêcher de convenir que
l'effet le plus fûr, le plus inévitable
de la liberté dans le commerce des
grains, c'étoit leur cherté. Le fonds
de leur fyftême fe réduit à nous ame-
ner à payer le pain au même prix à-
peu-près que les *Hollandois* & *les
Anglois*. Ce feroit-là la fuite infaillible
de la liberté. Or ce prix de la *Hollande*
& de l'*Angleterre* eft pour nous une
véritable cherté.

Les économiftes à cet égard n'ont
caché ni leurs réfultats, ni leurs vues.
Ils ont prêché hautement que le bled
à bas prix étoit la ruine de tout, &
qu'un empire ne profpéroit que quand
le pain y étoit cher.

Ils ont un peu rougi depuis, il eft
vrai, non pas du fond du fyftême; mais
de la dureté des expreffions. M. l'Abbé R... à la page 414 de fes repréfentations, fe récrie avec majefté contre

un ténébreux écrivain qui attribueroit *aux philosophes que le public appelle* économistes, *ces rêveries abfurdes*. Il affure que fes confreres ont toujours dit que le *pain étoit cher & trop cher* : du moins pour lui il le foutient hautement ; il répete une vingtaine de fois en deux pages , que le pain eft trop cher.

Je ne fais point fi en effet il y a eu quelque autre élû qui ait dérogé de même à la profeffion de foi commune. Malheureufement le fymbole de leur religion n'a pas encore pris une forme abfolument conftante. Ils n'ont pas encore de *vedam* approuvé & reconnu , qui fixe précifément leur croyance fur cet article. Le tableau économique n'en parle pas. Si fes apôtres avoient eu des fuccès folides , on y auroit fans doute ajouté en petits points à ce fujet, un chapitre incréé comme les autres ; mais on ne l'a point fait, ce qui jette dans l'embarras les adver-

faires de la doctrine , & donne de la
hardieffe à fes partifans : ils peuvent
par cette incertitude avouer ou défa-
vouer à leur gré , ou fuivant leurs
intérêts , les différents prédicateurs
qui ont travaillé au progrès de la
fcience. Mais le public , fans avoir
égard à ce ftratagême ingénieux , n'en
a pas moins le droit de les regarder
tous comme folidaires , & de les rendre cautions refpectivement les uns
pour les autres , des erreurs qu'ils en-
feignent.

Or il eft fûr que le dogme de la
cherté eft configné dans un très-grand
nombre de leurs bons livres. Il eft ,
par exemple , le feul & unique fondement de la *philofophie rurale* , ce
commentaire vénéré du *tableau* , ce
monument prefque auffi inintelligible
que s'il étoit écrit dans la langue facrée des *Brames* , & que l'auteur eût

emprunté, pour nous instruire, l'idiome du hanscrit.

On y lit tome 1 pag. 225, ces propres mots : *Le haut prix est à l'avanta-*
ge des revenus, & n'est au désavantage
de personne ; car tous les états dans la
société doivent être considérés comme
VENDEURS, & non comme acheteurs.
Maxime affreuse, pour le dire dès-à-
présent en passant, en ce qu'elle compromet l'existence du journalier ; il n'a
à vendre que le loyer de ses bras, dont
on peut se passer deux jours, trois
jours ; & on lui vend du pain, dont il
ne peut se passer vingt-quatre heures.
Les économistes ont donc prêché la
cherté.

Ils ont depuis prétendu qu'ils ne
souhaitoient pas que le pain fut cher ;
mais qu'ils vouloient seulement qu'il
ne fut pas bon marché. Mais ce pas
bon marché ayant paru avec justice
à tous les cœurs humains, à quicon-

que n'eft pas initié aux myfteres, l'e-
quivalent de la cherté, ils fe font enfin reftreints à foutenir que ce n'eft
plus ni cherté, ni pas bon marché
qu'il faut dire, mais bon prix. Tout
orgueilleux de cette dénomination
nouvelle, de cette enveloppe honnête donnée au plus cruel des fyftêmes, ils avancent aujourd'hui que le
bon prix, loin d'annoncer ou de cau-
fer la difette, en eft le remede. Mais
qu'appelez-vous, s'il vous plaît, difette ? Car il faut toujours vous rame-
ner à la vraie fignification des mots,
& définir ce que l'on entend, afin de
ne pas donner lieu aux fubterfuges
dont votre économie eft fi fouvent
prodigue.

Par difette vous entendez fans doute, comme moi, privation; ainfi,
quand on dit qu'il y a fur un marché
difette de bled, cela fignifie qu'il n'y
a point de bled; & comme, d'après

l'expérience & la raifon, la cherté ou
le bon prix, quand ils font à un certain excès, garniffent infailliblement
les marchès, vous vous récriez avec
une emphafe bien puérile ou bien criminelle, que la cherté ne fait donc
pas difette.

J'en conviens. Mais dites-moi un
peu, quand Tantale, au milieu de l'a-
bondance fantaftique qui l'entouroit,
voyoit l'eau fuir de fes levres, & les
pommes reculer à l'approche de fes
mains, feriez-vous parvenus à lui faire
entendre évidemment qu'il avoit tort
de fe plaindre de la difette de l'eau &
des pommes, & que cet état étoit
pour lui une véritable abondance ? Le
peuple, ce malheureux peuple, dont
vous affectez de parler avec tant d'intérêt & que vous facrifiez avec fi peu
de fcrupule, n'effuie-t il pas, avec vos
beaux fyftèmes, précifément le fort
de Tantale ? Vainement garniffez-vous

le marché, si les sacs se referment quand il y porte la main ? Que lui sert l'abondance, quand faute de l'écu d'augmentation qui pourroit l'en rendre participant, il meurt de faim auprès de ces fiers agriculteurs, dont le cœur est plus dur encore que leurs terres, & ne s'ouvre comme elles qu'avec l'aide de l'argent ?

En deux mots, quand un grand peuple ne payoit le pain qu'un sol, six liards, la livre, que tout dans l'intérieur du royaume s'étoit arraugé sur ce prix, que les salaires étoient fixés en conséquence à un taux qui ne faisoit guere qu'assurer la vie aux ouvriers, & que tout d'un coup, par une secousse subite & violente, ce même pain monte à 3, 4 & 5 sols, qu'il s'y soutient long-temps, & qu'on annonce que le prix constant, habituel doit être par la suite d'environ 3 sols, assurément chez ce peuple-là il y a cherté. Cette cherté est meurtriere; tous les subterfuges économiques n'empêcheront pas qu'il ne soit très permis de la déplorer, & très·pressant de la détruire. Or voilà l'effet qu'a produit chez nous , & que devoit nécessairement produire la liberté. Elle est donc funeste par elle-même de ce côté-là, du moins pour nous. Il n'y a point de replique.

Ces vérités sont si palpables , que les économistes eux-mêmes n'ont pu se les dissimuler. On a déjà vu qu'ils s'é-toient défendus, comme d'un reproche injuste, d'avoir avancé qu'il falloit que le pain fût cher. Ils ont été bien plus loin. Ils ont soutenu qu'il n'avoit pas été cher. C'est une chose curieuse, que le raisonnement par lequel ils prétendent le prouver. Voici les propres termes de M. l'abbé , pages 13 & 14 de ses représentations aux magistrats , de ce bréviaire de l'humanité éclairée qui devoit répandre la lumiere & le bonheur fur tout l'univers.

» Le prix commun des grains du
» royaume n'a pas été très-haut ....
» ... Par les états que nous donne-
» rons ci-deffous des prix des diffé-
» rents marchés du royaume depuis le
» premier janvier 1767 jufqu'au mois
» d'août 1768, on fe convaincra non-
» feulement qu'il n'y a point eu de
» cherté dans le royaume, mais même
» qu'il n'y en auroit point eu dans au-
» cune province, fi elles avoient été
» en communication de fecours les
» unes avec les autres. On verra qu'il
» y avoit des marchés, dans lefquels le
» grain fe vendoit 42 livres le feptier,
» tandis qu'il étoit dans d'autres mar-
» chés à 11 livres & quelques fols.

» Quelle eft la bafe fur laquelle le
» gouvernement doit opérer pour ju-
» ger de l'état des grains dans le royau-
» me? Le pauvre affligé ne fent que

» fon mal , il ne voit que fes champs
» & le marché qu'il a fous fes yeux.
» C'eft là fon univers. Mais les loix
» embraffent tout le royaume. Le gou-
» vernement voit d'en haut. Il voit la
» nation entiere , il voit toutes les
» terres & tous les marchés , & c'eft
» dans le prix commun des grains qu'il
» trouve le vrai prix du grain natio-
» nal ». C'eft là ce qui s'appelle, dans
la langue économique , le prix commun ou prix moyen.

Savez-vous bien, Meffieurs , que
fi Pafchal revenoit au monde, il lui
feroit facile de rendre ces inventions
beaucoup plus ridicules que le pouvoir prochain & le contrat mohatra.
Quoi ! un roi qui veut favoir en quel
état eft fon royaume , n'en doit juger
qu'à vol d'oifeau ! L'état de la profpérité de fon empire doit fe lever
comme une carte ! Quand , à une ex-
trémité, on paie le bled 40 livres , il

peut fe difpenfer de tous foins, de toute inquiétude, pourvu qu'à 200 lieues de-là on ne le paye que 10 livres: le prix moyen fera de 25 livres, ce qui n'eft pas cher. Ne fentez-vous pas combien une femblable fupputation prête à la plaifanterie ? Mais non, je me trompe : ce n'eft pas ici le lieu de plaifanter, ce n'eft pas quand il s'a-git de la vie des hommes, des larmes du pauvre, du défefpoir de plufieurs millions de familles, qu'il eft permis de fe livrer à des jeux d'efprit.

Comment des ames honnêtes ont-elles pu s'aveugler au point de s'oc-cuper fans frémir de ces calculs infi-dieux ou plutôt de ces poignards ai-guifés pour affaffiner l'indigent. Com-ment a-t-on pu dreffer de fangfroid & avec de bonnes intentions, ces tables fatales, ces vraies tables de profcrip-tion portées contre tout pays qui aura le malheur d'être l'extrême défavantageux? Que fervoit, aux marchés où le bled fe vendoit 42 livres, l'abondance de ceux où il n'en valoit qu'onze? Le miférable expirant à Saint-Pol en Artois de douleur & d'inanition fur les cadavres de fes enfants déjà confumés par la faim, étoit-il foulagé par la vigueur dont jouiffoient à bas prix fes pareils à Murdebarrez? Quel étoit donc l'objet ou l'aveuglement de ceux qui ont produit fous les yeux du public & du gouvernement des calculs fi abfurdes & cependant fi terribles.

CHAPITRE VIII.

Que la cherté du grain ruine & tue les journaliers.

MAis, dit-on, le bon prix du grain est la source de la prospérité d'un état : c'est ce qui assure les revenus : les revenus seuls donnent la facilité de faire de la dépense, & c'est la dépense qui rapporte dans la main du journalier l'argent avec lequel il subvient à ses besoins. Si les revenus sont médiocres, la dépense le sera aussi : le propriétaire mal-aisé ne fera plus travailler les ouvriers, ou les fera travailler pour une médiocre récompense ; ils souffriront de sa pauvreté, comme dans l'état contraire, ils se seroient sentis de sa richesse. Ce n'est-

là qu'un enchaînement de paralogifmes.

D'abord la cherté n'enrichit perfonne, fi ce n'eft dans un cas, dans
celui où la difproportion entre le falaire des ouvriers & le prix de leur
fubfiftance, fe foutiendroit toujours
comme aujourd'hui. Mais cette richeffe eft affreufe ; elle fouille, elle
infecte les mains affez lâches pour fe
l'approprier. C'eft faire de l'or avec
le fang humain. Il n'y a que des ames
économiftes, affez ennemies de tout
fentiment de pudeur pour prêcher une
auffi horrible morale, quoiqu'il y en
ait peut-être d'affez cruelles pour la
mettre en pratique.

Enfuite le propriétaire enrichi, dit-
on, paye plus largement le manouvrier qu'il emploie. Cela n'eft point du
tout certain, je le ferai voir tout à l'heure.
Mais je le fuppofe pour un moment :
ne voyez-vous pas que c'eft fur le ma-

nouvrier même qu'a été prife cette richeffe, dont, à vous entendre, l'excédent eft tout employé à le foulager? Ne voyez vous pas que c'eft fa
mifere qui la produit; & que, loin
d'adoucir fon état, elle ne fait que le
plonger dans l'incertitude la plus dé-
fefpérante, dans le dénuement le plus
intolérable?

Le propriétaire a des tréfors. Mais
d'où lui viennent-ils? De ce qu'il a
vendu fon bled un bon prix. Mais à
qui l'a t-il vendu? Au manouvrier (a):
d'où il fuit deux effets terribles.

Le premier, qu'avant que de voir
hauffer le falaire, il a fallu qu'il donnât

(a) Les autres claffes de la fociété ont à la
vérité fourni quelque chofe à cette contribu-
tion univerfelle; mais elles ne font qu'un
point imperceptible auprès de celle des manouvriers, qui eft plus nombreufe elle feule
que toutes lesautres enfemble.

au

au riche l'argent qu'il en devoit recevoir, fuivant vous, pour fe préparer une
augmentation incertaine, il a fallu
qu'il commençât par en fupporter une
très-réelle : c'eft fur fon falaire, à
quize fols par jour, qu'il a été obligé
de donner au propriétaire de quoi lui
en payer trente.

Le fecond effet de cette marche inconcevable, c'eft que cette avance
même, prife fur fon néceffaire phyfique, ne lui donne aucun droit à l'indemnité. C'eft que cette indemnité
n'eft pas feulement problématique,
elle eft inutile. Si elle eft retardée,
comme nous voyons qu'il arrive, fi
la proportion ne s'établit pas, fi pendant cinq, fix ans, dix ans, le pain
fe paie trois fols & même cinq, &
que le falaire refte à quinze, je demande à quoi fert à ces malheureufes
familles, que l'indigence éteint, le
fervice tardif que la proportion en-

Tome VI. E

fin introduite affurera à celles qui y auront réfifté jufqu'à cette époque ? Les
trente fols accordés après tant d'années, réchauffent-ils les cendres des
infortunés tués par la régie barbare
qui les reftreignoit à la moitié ?

En deux mots on ne paye le pauvre qu'après qu'il a payé. La furcharge qu'il éprouve eft certaine &
préfente, le foulagement que vous lui
prommettez eft incertain & éloigné :
donc toute augmentation dans le prix
du pain, fi elle n'eft précédée du hauffement des falaires, eft affreufe. C'eft
la plus funefte méprife qui ait jamais
pu être commife en politique.

Elle affure du moins, dites-vous,
la facilité d'employer plus d'ouvriers.
Le poffeffeur des terres, ou fon repréfentant, fe trouvant un plus grand fuperflu, fonge à augmenter fes jouiffances. Il ne le peut qu'en foudoyant
plus de bras ; dès-lors une multitude

d'ouvriers, qui auparavant ne trou-
voient point d'emploi, font recher-
chés : en attendant que l'équilibre s'é-
tabliffe entre leur travail & le prix qui
en eft la recompenfe, ils ont au moins
du travail, & l'équilibre eft le fruit
de l'empreffement avec lequel on fe
les difpute.

Paralogifmes tout purs encore. Vous
parlez toujours comme fi vous aviez
affaire à des hommes fans paffions, à
des hommes à qui le bien-être de leurs
pareils fût précieux, & qui ne vou-
luffent jouir de rien eux-mêmes qu'en
facilitant la jouiffance des autres. Voyez
quel eft, chez les hommes conftitués
comme la nature les a faits, & non
comme ils paroiffent dans vos romans
économiques, l'effet de la cherté des
denrées.

Je fuppofe que ce foit réellement
dans la main du maître des grains que
le profit s'arrête ; qu'en réfulte-t-il ?

Si c'eſt le propriétaire demeurant à
la ville, le luxe augmente. Ces jouiſſances ſcandaleuſes & meurtrieres,
que l'on nomme plaiſirs, ſe multiplient. C'eſt à ſe jouer de ſon exiſtence & de celle des autres, qu'il emploie ces revenus que vous lui avez
procurés par un moyen ſi fatal. Au
lieu d'appeler à partager ſes richeſſes
l'ouvrier de la campagne qui les fournit, c'eſt l'artiſte inutile, c'eſt le com-
pagnon & l'agent de ſes débauches
ou de ſes frivolités, qu'il accable de
bienfaits.

De là, la corruption totale ; de
là, l'affoibliſſement d'un peuple ; de
là, tous ces effets que M. de M...
... peint avec une énergie qui auroit
dû, ce ſemble, l'empêcher d'en van-
ter la cauſe.

Si l'homme, devenu opulent par la
cherté, eſt ce que nous appelons un
laboureur, un fermier, il n'eſt pas

moins faux de prétendre que fa richeffe devienne la reffource des ouvriers du canton. J'en appelle à cet égard à l'expérience ; il n'y a perfonne qui ne fache qne , de tous les états fans exception , celui qui vife le plus à la parcimonie , à l'épargne fordide , c'eft celui de laboureur.

A peine ceux qui le profeffent fe trouvent-ils une apparence de fuperflu, qu'au lieu de l'employer à augmenter l'exploitation d'un bien dans lequel ils ne font que paffer , ils ne s'appliquent qu'à théfaurifer , afin de fe procurer le moyen de s'arracher bientôt de cet état pénible , dans lequel ils rougiffent de fe voir engagés ; leur objet unique eft de faire de leurs enfants des meffieurs , de devenir des rentiers oififs. Ils ne vifent qu'à augmenter l'argent qu'ils gardent dans leur coffre ou qu'ils enfouiffent. Ils léfinent fur les moindres objets.

E iij

Indemnifés par le prix de ce qui peut leur venir de bled d'un retranchement fur les avances, ils diminuent imperceptiblement le nombre des beftiaux, des co-opérateurs en tout genre ; ils ne récoltent pas tant, mais ils épargnent des gages de domeftiques ; il fe fauvent les rifques attachés à la nourriture des animaux qui partagent & vivifient leurs travaux. La maigre moiffon qui leur refte après cette fouftraction de fecours, leur paroît toujours un bénéfice réel, puifqu'ayant coûté moins, elle rapporte autant que les précédentes qui étoient faites avec beaucoup plus d'appareil.

Vous voyez donc que le journalier ne gagne abfolument rien à l'opulence du fermier.

Ajoutez encore que cette malheureuse claffe de la fociété porte en tout genre toutes les efpeces de pertes qui fe font fentir aux claffes fupérieures.

Le cultivateur eſt le premier à s'armer contre elle de ſon indigence même.

Dans le temps où le bled valoit 15 liv. le ſeptier, un laboureur de Beauce payoit à ſes manouvriers la moiſſon en nature ; quand le bled a valu 30 liv. il falloit, pour être juſte, ou continuer à les payer de la même maniere, ou en transformant leur ſalaire en eſpeces, l'évaluer ſur le pied actuel de la denrée. C'eſt ce qu'on n'a point fait.

Ces miſérables, deſcendus de leurs montagnes, ſe ſont trouvés appauvris de moitié en arrivant dans le plat pays ; le voyage leur a coûté la moitié de leurs trop juſtes eſpérances ; on n'a plus voulu les payer qu'en argent, mais en appréciant les journées d'après le tarif établi lorſque le bled ne valoit que 15 l.

Et voyez quel funeſte effet il en réſulte pour ces familles déſolées ; voyez

E iv

quelle effroyable , quelle quadruple
trahifon , s'il eft permis de le dire ,
on ofe fe permettre envers eux.

Quand on les payoit en nature ,
c'étoit la provifion de l'année qu'ils
emportoient. C'étoit du bled coupé
de leurs mains. C'étoit leur fubfiftance
de plufieurs mois , gagnée par les plus
rudes , les plus accablants travaux en-
taffés , accumulés dans un petit nombre de jours. Alors ils étoient à l'abri
des variations : quelque viciffitude
qu'éprouvaffent les marchés , leurs petits greniers , remplis à la fueur de
leur front , leur préfentoient une reffource confolante , & un afile toujours fûr.

Aujourd'hui , quelle différence ! Ce
n'eft plus la denrée qu'on leur donne ,
ce n'eft pas même la moitié de fa valeur ; ces infortunés rentrés chez eux ,
exténués par le même travail , n'y
rapportent plus qu'une portion de la

récompenſe. Ils ſont ruinés, parce
que leurs maîtres ſont riches, & meurent de l'opulence de leurs tyrans.

Vous me direz ſans doute, que tel
eſt l'ordre naturel & eſſentiel des ſo-
ciétés politiques, que le pauvre doit,
d'après la ſageſſe incréée, être le jouet
du riche : & j'avouerai que le principe
eſt malheureuſement trop vrai. Je ſais
qu'en général l'indigent qui porte le
fardeau de toute la ſociété quant au
travail, en endure auſſi preſque toutes les charges quant à la dépenſe. Je
ſais que l'homme opulent, qui fait ſes
proviſions, économiſe préciſément
parce qu'il a de quoi payer ; tandis
que le malheureux qui vit au regrat,
achete les choſes le double, préciſément parce que la faculté lui manque
pour en faire l'acquiſition.

Mais ſi cet ordre funeſte & deſtruc-
teur eſt tellement dans la nature des

choſes qu'il ſoit irréformable , gardez-
vous donc , maîtres en humanité , de le
charger encore par de nouveaux abus.
Ne venez pas nous prêcher avec empha-
ſe , que la plus ſage de toutes les opérations politiques , ce ſoit de réduire la
moitié d'une nation à mourir de faim.
Avant que de compter comme autant
de triomphes , quelques écus qu'une
centaine d'aiſés auront conſervés dans
leurs poches , comptez , s'il eſt poſſible , à combien de mal-aiſés il en
aura coûté la vie , & ſoyez ſûrs que
vous en trouverez encore plus de cimetiere remplis que de bourſes.

L'homme , dites - vous quelque
part dans vos repréſentations, *eſt fait*
pour les larmes ! Ah jamais il ne rem-
plira mieux cette triſte & pénible
vocation que ſous votre empire ! Laiſ-
ſez-nous , conſolateur cruels , laiſſez-
nous nos maux & notre miſere ; em-

portez loin de nous vos funestes con-
noissances; cachez dans l'obscurité vos
tables & vos tableaux. Et puisse notre
postérité ne pas se ressentir un jour des
maux qu'ils nous ont fait.

Evj

CHAPITRE IX.

Raison qui rend la cherté des grains pernicieuse aux journaliers : c'est que leur salaire n'augmente pas avec le prix du pain.

Mais avec le temps du moins la proportion s'établit - elle entre le travail & son prix ? Le journalier à force de mourir de faim parvient-il à se retrouver dans cet équilibre qui lui permet de vivre ? Non : je dis nettement que non ; & si quelqu'un ose soutenir l'affirmative, je ne crains pas qu'il puisse la prouver.

En général dans nos gouvernements Européens le bled. ce prétendu thermometre de la prospérité des états, n'a jamais communiqué aux objets

qui l'environnoient, & de la valeur
defquels il auroit dû être la mefure,
les variations qu'il a éprouvées. Il a
augmenté de prix à l'excès ; mais très-
peu de ces objets font montés avec
lui, & aucun n'a monté fur la même
ligne.

Les rentes conftituées, les offices
alienés, les baux non-rachetables, la
paye des foldats, tous les articles dont
l'évaluation étoit malheureufement fti-
pulée en argent font reftés aujourd'hui
que le marc de ce métal eft à 52 liv.,
fur le même pied où ils avoient été
établis quand il n'étoit eftimé que 14
livres. Ce feroit peut être le fujet des
fpéculations politiques les plus profondes, & les plus intéreffantes que
cette inconcevable injuftice, fur laquelle portent aujourd'hui toutes les
adminiftrations de l'Europe. C'eft
même la véritable origine de la pré-
pondérance énorme que les rois ont

acquife en France, par exemple, bien plus que la ligue & les efforts de Richelieu, & toutes les caufes fubordonnées auxquelles on l'attribue.

Si Louis XIV au lieu de payer fes foldats 5 fols par jour, avoit été obligé de leur en donner 10, ce qui n'eft que l'équivalent de ce qu'ils avoient fous François I, il n'auroit pas eu 300000 hommes fous les armes : il n'auroit pas été fi impérieux. Une infinité de chofes que le defpotifme de fon regne a facilitées, ne feroient pas arrivées ; mais ce n'eft pas là de quoi il s'agit (a).

(a) C'eft également là ce qui a procuré au clergé, aux moines, ces richeffes prodigieufes qu'on leur envie aujourd'hui avec tant de fureur & d'injuftice : de toutes les ufurpations politiques les leurs font affurément les plus légitimes, puifqu'elles ont été volontaires. S'ils ont recueilli des dépouilles, c'eft de l'aveu des propriétaires. Dans les temps où ils les ont reçues, elles n'avoient pas la valeur qu'elles ont

Le prix du bled ne regle point du tout celui des autres valeurs qui composent ce qu'on appelle la fortune, le revenu ou la subsistance des membres de la société. A l'égard des journaliers la disposition n'est pas restée tout-à-fait aussi monstrueuse en apparence qu'à l'égard des soldats. La raison en est simple. C'est que le journalier a une femme & des enfants, c'est qu'il

---

acquises depuis ; mais comme elles étoient en nature, comme les redevances qu'ils en trouvent ont presque toujours été stipulées en grains ou sujettes de 9 ans en 9 ans à des réhaussements proportionnés à celui du prix des denrées, ils se sont toujours soutenus au niveau, tandis que tout baissoit autour d'eux. Leurs richesses ont augmenté précisément par ce qu'elles n'ont pas diminué, & il en a résulté pour eux un éclat & même une puissance qui, en leur procurant des grands avantages, en influant sur l'administration publique les a aussi dévoués à une jalousie dont ils éprouveront tôt ou tard les effets : mais ce n'est pas encore là ce que nous examinons,

y a un tiers de l'année où il ne travaille point à caufe des fêtes , & où
il ne gagne rien. C'eft qu'il n'eft ni
logé , ni habillé par le roi , ni foigné
dans fes maladies. C'eft qu'il faut que
fa paye fourniffe fans exception à tous
ces befoins qui le dévorent. En rap-
prochant tous ces affujettiffements de
l'indépendance du foldat, on verroit
peut-être que celui-ci, a moins perdu
encore dans la diminution effective
de fa paye que le manouvrier. Le mépris qu'on a fait de leur exiftence commune eft peut-être plus égal entre eux
qu'on ne le penfe. Mais nous ne par-
lons pas de ce qu'ils ont fouffert pendant deux fiecles qui ont précédé le
nôtre. Examinons feulement ce qui fe
paffe fous nos yeux depuis dix ans.

Le prix du pain a doublé. Cela eft
certain. Les revenus des poffeffeurs
des biens fonds de ce qui s'appelle *cultivateur*, foit propriétaire, foit fermier

ont hauſſé. Les journaliers ont-ils eu
part à cette augmentation.

Quelques écrivains indiſcrets ont
oſé dire qu'oui. Ils ont cité des pays où,
ſuivant eux, les journées avoient doublé comme le pain. Il faut être bien
hardi pour ne pas trembler d'attacher
ainſi dans des écrits des aſſertions auſſi
contraires à la vérité, & il eſt bien inconcevable que ces impoſtures, con-
ſignées dans des imprimés, aient pu
trouver un ſeul auteur crédule, tandis
qu'il n'y a perſonne à qui ſa propre
expérience ne peut en démontrer. la
fauſſeté.

Je m'adreſſe à vous, qui que vous
ſoyez qui me liſez, habitants des villes,
bourgeois paiſibles qui raiſonnez ſi
diſertement ſur l'exportation, & qui
vous paſſionnez avec tant d'ardeur ſur
ſes bons effets que vous ne connoiſ-
ſez que par les éphémérides, payez-
vous la façon de votre habit, celle de

vos souliers , le raccommodage de
votre linge , son blanchissage , le double de ce que vous les payiez avant
1764 ? Votre perruquier , votre frot-
teur, votre menuisier , votre serrurier,
votre vitrier , tous ces serviteurs qui
ne sont point à vos gages , & à qui
vous n'accordez qu'un salaire passager
en échange de l'industrie momentanée
qu'ils vous consacrent ont - ils fait
monter leur prétentions au double ?

Si quelqu'un d'eux a hasardé dans
ses mémoires , une petite augmentation, ne l'avez-vous pas accusé d'in-
fidélité ? ne l'avez - vous pas menacé
de lui donner un successeur ? n'a-t-il
pas été obligé de peur de perdre votre
pratique de laisser les choses sur l'ancien pied , & ne vous êtes-vous pas
applaudi en secret de cette fermeté
économe qui le ruine ? Cependant vous
n'ignoriez pas qu'il payoit son pain
moitié plus cher que dans les années

où s'étoit établi le taux auquel vous le fixez.

Vous êtes donc un témoin contre vous-même, & cependant la hardieſſe avec laquelle les économiſtes oſent aſſurer que tous les propriétaires ont fait ce que l'équité leur commandoit, vous fait plus d'impreſſion que le cri de votre propre conſcience ? Croyez-vous donc les autres hommes plus juſtes que vous. Auriez - vous l'idée honteuſe que vous êtes le ſeul à qui l'avarice ait parlé ? En ce cas vous faites au genre humain plus d'honneur qu'il n'en mérite. La léſine qui vous rend cruel dans votre ménage opere de même ſur le cœur de tous vos voiſins.

Il n'y en a pas un qui ne penſe, ne raiſonne & n'agiſſe préciſément comme vous, ſur-tout à la campagne où le beſoin eſt plus impérieux, & les reſſources moins multipliées que dans

les villes, l'ouvrier dans celles-ci, est
ordinairement en état de faire quelques avances, tous les atteliers y font
des especes d'entreprises qu'un maître
régit par les bras de ses garçons.
Nourri du bénéfice qu'il fait sur eux,
il est plus en état de sacrifier quelque
chose, & d'attendre un instant plus
favorable, ou d'essuyer quelques pertes : mais dans ces hameaux où l'opulence n'a que ses racines qui en emportent tout le suc & le transportent
dans une autre région, le journalier
est maîtrisé de minutte en minutte par
la nécessité la plus tyrannique. S'il ne
travaille pas aujourd'hui à quelque
prix que ce soit, sa famille & lui seront
mort de faim demain. Il reçoit donc à
genoux le salaire qui ne lui assure que
la moitié de sa subsistance, & par le
plus affreux de tous les abus, la cruau-
té qui ordonne à son estomac de se
resserrer sans permettre à ses bras de

s'affoiblir , il faut qu'il la regarde comme un bienfait , tel eſt le ſort des journaliers dans toutes les campagnes.

Je ne citerai que l'*Artois* , province que je connois très-bien , province où les hommes aſſurément n'ont pas le cœur dur , province qui a gagné plus qu'aucune autre à la cherté , où le *bon prix* s'eſt établi & ſoutenu avec tous ces effets. Voici ce que m'écrit en ce moment un des plus nobles , des plus vertueux , des plus éclairés gentils-hommes de cette province.

» La journée des manœuvres , mon » cher ami , n'eſt pas augmentée depuis » plus de quinze ans. On a toujours » payé les journaliers à dix ſols. C'é- » toit le plus haut prix du canton. Il » s'eſt ſoutenu au même taux , & à » préſent le plus cher ne paſſe point » 12 ſols , à moins que ce ne ſoit pour » des épuiſements d'eau , ou creuſe- » ments de foſſés où ces pauvres mal-

» heureux font continuellement mouil-
» lés ; mais pour les autres travaux ,
» vous pouvez affurer que la main-
» d'œuvre eft reftée au même taux ,
» malgré l'augmentation des denrées.
» L'augmentation proportionnée dans
» le falaire ne peut même avoir lieu
» que quand la mifere *aura fait périr*
» *ou expatrier un grand nombre d'ouvriers*
» *qui languiffent dans la plus affreufe*
» *inanition*. . . . .

   » Si vous le jugez même à propos,
» vous pouvez faire remarquer que
» l'Artois, province qui n'a d'autre
» revenu que fa reproduction , toute
» efpece de commerce lui étant interdit
» par les droits d'entrée & de fortie
» du royaume, l'Artois eft non-feule-
» ment fans fociété d'agriculture ,
» mais a été une des premieres à de-
» mander qu'on reftreignît la fortie
» des grains pour l'étranger à un taux
» bien au-deffous de celui qui eft fixé

» par l'édit de 1765. Cette même
» cherté de grains nous a forcés à en
» faire des achats confidérables, pour
» pouvoir donner le pain à dix-huit
» deniers la livre. De plus nous avons
» été autorifés à emprunter 600000 l.
» afin d'ouvrir des chemins dans les
» différentes parties qui puffent donner
» par tout des atteliers où le peuple
» fût fûr de trouver du travail. Et
» fans cette reffource il feroit mort de
» faim. . . . . .

Voilà des faits. Il en réfulte que
dans le temps même où le pain avoit
la valeur forcée, exorbitante que lui
donnoient les enlevements, les journées n'étoient pour les meilleurs ouvriers que de dix & douze fols comme
avant 1764.

Comment ont-ils vécu, direz-vous ?
Comment ? De la charité, de la
commifération des gentilshommes qui
leur donnoient pour ne rien faire, plus

qu'ils ne leur auroient payé pour travailler. J'ai vu, il eſt vrai, un d'entre
eux, faire des aumônes plus éclairées
& plus fructueuſes. J'ai vu celui dont
je viens de citer la lettre, M. le mar-
quis de S.... faire travailler à des
bâtiments où il n'appeloit que des
ouvriers infirmes, eſtropiés ou privés
de quelques ſens. Qui auroit vu ſes
atteliers, ſe ſeroit cru au feſtin du riche
de l'évangile.

Sa politique étoit auſſi humaine que
ſage. Ces malheureux n'auroient trouvé
nulle part de l'occupation; ils n'étoient
pas même en état d'aller quêter des
ſecours que le nombre des mains
vuides rendoit rares. L'apparence de
travail qu'ils ſembloient faire, préve-
noit les riſques de l'inaction & de la
mendicité; d'ailleurs elle rendoit plus
doux, & en même temps moins onéreux, les bienfaits qu'ils recevoient de
mon généreux ami.

Sa

Sa maniere d'affifter les pauvres n'a point été imitée par-tout. Mais la bienfaifance naturelle aux perfonnes diftinguées dans cette province, a fuppléé à tout. Les miférables ont vécu fans qu'on fache trop comment, jufqu'à l'inftant où le prix du bled redefcendu, s'eft rapproché du taux anciennement fixé pour leurs falaires, qui, je le repete, n'ont point changé.

CHAPITRE X.

Pourquoi malgré la cherté les salaires n'ont pas augmenté. Réflexion fur les maux qu'a produit la fuppreffion de l'efclavage par la partie des hommes qui ne vit que du loifir de fes bras.

ET pourquoi fe font-ils foutenus dans cette immobilité meurtriere ? Pourquoi ? Par deux raifons. Il n'en faut point accufer précifément l'infenfibilité des riches, mais d'une part la facilité des pauvres, & de l'autre une politique prudente, quoique funefte, de la part des gens aifés.

S'il étoit poffible au pauvre de paffer plufieurs jours fans travailler, & par conféquent fans manger, il eft bien certain qu'ils forceroient infenfiblement les propriétaires à oublier le prix fixé par l'ufage : cet ufage n'a aucun pouvoir fur le bled quand il l'achete, il n'en auroit pas davantage fur l'évaluation de fon travail. Les champs, les vignes, menacés de refter fans culture répandroient l'alarme dans les maifons dont la récolte fonde l'opulence. On foudoieroit plus chérement ces mains néceffaires qui fe tiendroient à l'écart, & la néceffité feroit la loi à l'avarice.

Dans les villes, le nombre des manouvriers eft plus borné quant aux manufactures. Leur gain eft moins ftrictement proportionné à leur dépenfe ; ils trouvent plus facilement du crédit chez le boulanger ; ils ont donc plus d'empire fur l'entrepreneur, dont leurs travaux affurent la fortune.

Mais dans les campagnes on trouve ordinairement plus de bras qu'il n'en faut : ainfi la concurrence ne tend qu'au rabais, à rendre le travail moins lucratif. Plus cette concurrence eſt certaine & la néceſſité preſſante , moins il eſt poſſible au journalier de marchander ſur le prix qu'on lui offre.

« Ce qu'il y a de terrible , comme
» je l'ai dit dans la *Théorie des Loix* ,
» *liv.* 5 , *chap.* 31 , c'eſt que la modi-
» cité même de cette paie eſt encore
» une raiſon pour la diminuer. Plus
» le journalier eſt preſſé par le beſoin ,
» plus il ſe vend à bon marché. Plus
» ſa néceſſité eſt urgente , moins ſon
» travail eſt fructueux. Les deſpotes
» momentanés , qu'il conjure en pleu-
» rant d'accepter ſes ſervices , ne rou-
» giſſent pas de lui tâter pour ainſi
» dire le poux , afin de s'aſſurer de ce
» qu'il lui reſte encore de forces. C'eſt
» ſur le degré de ſa défaillance qu'ils
» reglent la rétribution qu'ils lui of-
» frent. Plus ils le ſentent près de
» périr d'inanition , plus ils retran-
» chent de ce qui peut l'en préſerver ,

» & les barbares qu'ils font lui don-
» nent bien moins de quoi prolonger
» fa vie que de quoi retarder fa mort ».

Voilà d'une part ce qui empêche les
falaires de monter.

De l'autre, le bourgeois, le fermier, avec la perfuafion la plus in-
time que cette opération eft jufte, que
l'humanité l'exige, ne peuvent cependant fe réfoudre à en donner l'exemple. Ils voient bien que leurs revenus
font doublés ; mais ils craignent que
cette excroiffance fubite ne foit que
paffagere. Ils appréhendent que le
prix du pain, après avoir fubi cette
enflure exceffive dont ils gémiffent
eux-mêmes, quoiqu'ils en profitent,
ne revienne au prix naturel qu'un
défordre extraordinaire a fait varier.

Ils ont, pour garant de la certitude
de ce retour, l'expérience du paffé.
Ils fentent que fi cet incident arrivoit,
il feroit très-difficile cependant de ra-

mener les journées à ce taux de dégradation qui deviendroit alors aussi équitable que l'augmentation l'auroit été précédemment. Maîtres de faire pencher dans cet inftant la balance de leur côté, ou de celui des journaliers, pouvant s'expofer au rifque, ou le leur faire courir, ils choififfent pour eux la fécurité : ils aiment mieux commettre une injuftice envers ces infortunés, que de fe voir dans le cas de l'effuyer de leur part.

Ce raifonnement étouffe donc la compaffion dans leurs cœurs : s'ils y cedent, c'eft, comme je l'ai dit, par des fecours manuels qui ne les engagent à rien, & confervent leur franchife à l'égard du prix des journées. Dans l'intervalle cependant le manouvrier fouffre, feche, & périt ; & pour comble d'horreurs, tandis que fon exiftence eft ainfi attaquée dans tous les fens, le feul, le dernier afile qui

lui foit refté, ces tombeaux où la charité qui n'a pu le faire vivre , l'attend
pour lui fermer du moins les yeux
avec quelque appareil , ces retraites
lugubres , où les fecours même font
meurtriers , ces hôpitaux qu'une compaffion indifcrette multiplie , & fur
lefquels une humanité éclairée verfe
des larmes ameres ; les hôpitaux font
détruits , ruinés fans reffource par le
bon prix.

On peut en juger par l'exemple de
l'hôpital général de Paris même ; établiffement peut-être fufceptible d'une
réforme , mais néceffaire dans l'état
actuel des chofes ; établiffement prêt
à fuccomber fous la furcharge qu'a
occafionné le renchériffement du pain
dans cette capitale , où il a été moins
fenfible que par-tout ailleurs. Cette
maifon doit plus de deux millions.
Elle n'a ni argent , ni provifions , ni
crédit.

F iv

D'où vient ſa détreſſe & ſa ruine ?
De la cherté du pain ſeule. Cet objet
de dépenſe n'y montoit autrefois qu'à
environ 300000 liv. ; il en paſſe aujour-
d'hui 800000. Les revenus n'ont
point augmenté , il s'en faut bien ; ou
ſi le loyer de quelques fermes a été
ſoumis à un accroiſſement , il n'en
a réſulté qu'un ſoulagement imperceptible dans une maſſe auſſi conſidé-
rable.

Il en eſt de même de la charité de
Lyon. Il en eſt de même de toutes ces
maiſons dans tout le royaume; & ſi
une fois elles viennent à manquer ,
quelle ſera la reſſource de l'artiſan, je
ne dis pas pour vivre , mais pour
mourir.

C'eſt ici qu'il doit être permis de
jeter les yeux ſur les horribles effets
de la liberté perſonnelle, pour ces
êtres ſans appui , que l'on félicite ſi
noblement de l'avoir acquiſe. C'eſt

furtout dans les chertés qu'ils doivent fentir combien leur état eſt affreux, & ce qu'ils perdent à ce prétendu gain.

. On n'a jamais vu de chevaux mourir de faim par le renchériſſement du prix de l'avoine. Ceux qui les gardent les nourriſſent à quelque prix que ce foit, parce qu'ils font néceſſaires à leurs plaiſirs ou à leur ſubſiſtance. Ceux qui ſe trouvent dans l'impoſſibilité de les nourrir, les vendent à quelque prix que ce foit auſſi, à des maîtres qui aient ce moyen. Ainſi ils vivent. Il en étoit autrefois de même de l'eſclave.

Mais le manouvrier qui n'appartient à perſonne, le manouvrier dont la miſere reſte inconnue, le manouvrier envers qui l'on ſe croit quitte dès qu'on l'a payé, dont la perte ne porte préjudice à perſonne, dont la conſerva tion n'intéreſſe perſonne , on le laiſſe languir & mourir dans ſa bauge , ſans ſeulement daigner s'en inquiéter (*a*).

Je ne puis trop le répéter. La ſervitude perſonelle étoit le vrai ſecret de la proſpérité des anciens empires. C'eſt le ſeul moyen d'aſſurer , je ne puis pas dire le bonheur , mais au moins la ſubſiſtance de cette partie du genre humain deſtinée à gagner par un travail journalier & méchanique ſa nourriture journaliere. La certitude de la trouver , cette ſubſiſtance , eſt en effet l'unique portion de bonheur qu'elle puiſſe connoître.

Au reſte , je dois répéter auſſi l'obſervation que j'ai eu grand ſoin de faire dans la *Théorie des Loix.* La ſervitude que je regrette , ce n'eſt pas cette ab-

_____

(*a*) Voyez à ce ſujet la *Théorie des Loix,* liv. 5.

jection ouverte même des apparences
de l'humanité, que nous appelons
esclavage dans nos colonies.

Nous avons trouvé moyen, nous
autres peuples chrétiens, philosophes,
&c. d'enchérir sur la barbarie même.
Il n'y a point de mots pour ex-
primer la maniere dont nous agissons
envers les Negres que nous allons
voler dans la Guinée, & qui cultivent
en Amérique nos sucres & notre indigo.
Dans nos villes de l'Europe, dans
ces retraites de la liberté, des lumieres, de la police, les hommes
sont traités bien plus mal que les chevaux & les chiens. Mais dans le nouvel hémisphere, les Negres sont mille
fois plus dégradés encore que les
hommes dans le nôtre; & ce qu'il y
a de remarquable, c'est que de tous
les peuples Européens qui ont trans-
planté leurs vices dans ces malheu-
reuses contrées, il n'y en a point

VJ

chez qui l'anéantiffement des Negres
foit plus affreux que chez les Anglois : preuve fenfible de l'influence
heureufe de la philofophie & de l'utilité dont elle eft pour adoucir les
mœurs.

CHAPITRE XI.

Que la cherté du grain n'a pas enrichi le cultivateur lui même, & qu'elle ruine ainsi sans fruit tous les ordres de l'état.

Jusqu'ici j'ai bien voulu supposer avec vous que la cherté du pain enrichissoit le propriétaire & le cultivateur. J'ai prouvé que dans ce cas même c'étoit encore une opération absurde & cruelle, une opération faite pour révolter tous les esprits conséquents, & alarmer tous les cœurs vraiment humains. Que seroit-ce donc si en l'aprofondissant il se trouvoit qu'elle n'enrichit personne, qu'elle assassine sans fruit la portion utile du peuple, & que le sang du pauvre versé ou évaporé si l'on veut,

ne laiſſe pas même au fond de l'a-
lambic où on le diſtille l'or que les
œconomiſtes cherchent avec tant d'a-
vidité. (a)

(I) On ne finiroit pas ſi l'on vouloit rele-
ver toutes les conſidérations de ces philoſophes. En voici une au ſujet des richeſſes &
des métaux qui eſt bien inconcevable. Tout
le livre de *l'Ami des hommes* roule ſur ce
principe, que l'argent n'eſt rien, ou plutôt
qu'il eſt la deſtruction des *états* où on le met
au rang des richeſſes. Toute la philoſophie
rurale porte ſur celui-ci, que l'argent eſt le
ſalut des empires, qu'il faut s'en procurer à
quelque prix que ce ſoit On y lit ces propres
mots, p. 257 du ſecond volume: *S'il étoit*
poſſible que la ciguë valût plus d'argent que
le froment, le lin & le vin, il faudroit culti-
ver de la ciguë & abandonner aux autres le
ſoin des productions du premier beſoin. Je n'oſe
en vérité faire de réflexions ſur un pareil paſſa-
ge; mais quand on voit de bons eſprits en devenir les prôneurs, les admirateurs enthouſiaſtes,
& une ſecte qui veut régner, dit-elle, par le
raiſonnement, par l'inſtruction, par l'évidence, en faire la baſe de ſa doctrine, quelle
triſte, quelle humiliante idée doit-on ſe former
des bornes de l'eſprit humain, & de la nature
des travers qu'il eſt capable d'adopter, même
avec de bonnes intentions?

La cherté n'enrichit point le fermier, du moins elle ne procure un peu d'opulence qu'à celui qui se trouve avoir un reste de bail à couler au moment de la régénération ; mais dès qu'il est fini, le maître l'augmente. Le bénéfice passager qu'il s'est approprié se dissipe ; ou s'il se retire plutôt que de se prêter à l'impôt dont la propriété veut charger son industrie, c'est-à-dire à l'envie qu'elle a de partager le bénéfice que le hasard & un système inconsidéré lui ont offert, son successeur ne se trouve pas plus avancé que lui-même ne l'étoit dans le temps du bas prix : s'il vend sa denrée double, il paie un loyer double pour le terrain où elle croît.

Si d'ailleurs la proportion est juste, si les gémissements du misérable trouvent enfin le chemin du cœur des riches, & que les salaires haussent comme ils le doivent faire, le fermier n'a

plus aucune efpece d'avantage. Sous
la loi de grace, il rentre dans le même
état que M. *** appelle l'anathême des
prohibitions, c'eft-à dire, avant l'établiffement du bon prix.

Il en eft de même du propriétaire.
Tout augmentera en raifon de la facilité qu'il aura à payer. Son fort n'aura
été plus floriffant que dans l'intervalle
qui fe fera écoulé entre le renverfement de l'équilibre en fa faveur, &
fa reftauration en faveur du manouvrier : le propriétaire enrichi en apparence perdra même réellement à cette
extenfion trompeufe de fa fortune.

Dans le moment où il aura paru
feul en poffeffion de tout l'argent du
royaume, le gouvernement, toujours
preffé de la foif de ce métal dévorant,
fe fera accoutumé à ne s'adreffer qu'à
lui, & fans doute il aura eu raifon.
Mais quand l'embonpoint éphémere
& illufoire que lui donnoit la cherté

aura difparu, il ne fentira plus que le poids & l'incommodité des charges dont fa maigreur effective ne le fera pas délivrer. Il fera forcé de continuer à payer les taxes qui auront paru équitables , & qui l'auront été dans le moment funefte où , aveuglé par la cupidité , il a confenti à abforber la fubftance de l'indigent.

Au profit de qui tourne donc la cherté ? Au profit de qui ! Eh , ne le voyez-vous pas ? Je le répete : à celui du regratier qui fpécule fur le malheur commun ; à celui de cette chouette politique , juftement abhorrée , qui n'a ni ferme à payer , ni impôts à craindre , ni induftrie effective à entretenir ; qui n'a d'autre mérite que beaucou d'or , & d'autre talent que la hardieffe à braver la haine générale.

Il attend un moment favorable. Il faifit l'inftant où une récolte plus heureufe a prévalu fur la propriété deffé-

chante du fyftême , où la bonté de la
nature l'emporte fur le délire des hommes. Alors voyant le grain au-deffous
du taux devenu habituel & néceffaire,
il étend tout d'un coup fes filets fur
les marchés. Il enleve tout ce qui s'y
trouve. Il fait que cette opération ren-
dra bientôt inutiles la fécondité de la
terre, & l'abondance de la moiffon.
Il fait qu'à ce fignal la denrée , dont il
eft devenu un des plus forts propriétaires, va tout d'un coup hauffer de prix.

Qu'alors , fans attendre les fecours
que le commerce a préparés ou que le
gouvernement forcera , fon inhuma-
nité éclairée fache fe borner à un gain
modique. Qu'il regarnife les marchés
imperceptiblement , comme il les a
appauvris, il aura retiré le bénéfice
réel de cette cherté momentanée qu'il
aura occafionnée. Ce jeu peut être réitéré plufieurs fois , fans même qu'il
foit poffible de s'en appercevoir , &

doubler dans un très - court espace les capitaux du négociant qui en a le secret.

C'est pourtant à la sécurité de cette manœuvre , que les économistes veulent qu'on sacrifie la subsistance des nations. Ce sont des droits ainsi acquis , dont on a imprimé *qu'ils vont avant tout, & qu'ils sont plus sacrés que les besoins.*

Mais, dit-on, l'homme qui se dévoue à ce métier court des risques : son bled s'échauffe & se pourrit par la garde , &c.

Voilà la punition attachée à son avidité. Il en est aussi souvent la dupe que ceux qu'il sacrifie.

Eh , ces risques ne sont de sa part que des crimes de plus ! sa perte même , dans ce cas, est un attentat commis contre le genre humain. Il n'a pas plus d'indulgence à attendre d'une police juste, qu'un assassin estropié par le fusil avec lequel il a voulu tuer son

ennemi. Pourquoi ce bled s'eſt-il
pourri ? Parce qu'il a été gardé trop
long-temps. Et pourquoi a-t-il été
gardé trop long temps ? Afin de le vendre plus cher Cette déperdition d'une
matiere précieuſe , occaſionnée par
l'avarice , eſt donc l'effet d'un com-
plot formé contre la vie des hommes.
Elle emporte donc la conviction de
celui qui en a conclu & réaliſé le projet. Loin qu'il en réſulte des droits
qui rendent ſa propriété plus ſacrée,
il eſt démontré coupable , & par l'a-
mas funeſte aux autres , qu'il a entaſ-
ſé & par ſa propre ruine qui en a été
le fruit.

Mais depuis un ſiecle, dit-on, les autres denrées, laiſſées plus libres, avoient
ſubi l'effet de l'augmentation dans le
numéraire & la valeur des eſpeces.
Elles avoient hauſſé de prix. Le grain
ſeul étoit reſté dans un abaiſſement à

cet égard, qui rendoit la poffeffion
& l'exploitation des terres onéreu-
fes. Il falloit bien le remonter à la valeur proportionelle qu'il n'avoit point
acquife, lui laiffer reprendre le niveau
au-deffous duquel une violence im-
prudente l'avoit forcé de refter. Or ce
niveau eft ce qui a paru cherté : ce
n'étoit pourtant dans le fait qu'une
égalifation néceffaire, indifpenfable;
un équilibre que la juftice exigeoit,
& que la politique ne pouvoit pas
permettre de différer.

Cette raifon eft une de celles qui a
le plus féduit de bons efprits, & ce
n'en eft pas moins une méprife de
fait & de mots inconcevable.

Le bled n'a fait que reprendre fon
niveau ! Mais en ce cas il falloit donc
empêcher les autres denrées de renchérir avec lui. Si, tandis qu'il s'eft
élevé à cet accroiffement tardif dont
il avoit été privé jufque-là, tout le

refte s'eft également fenti de l'impulfion qui devoit fe borner aux grains :
fi l'efpece de végétation politique, à
laquelle il a dû cet excédent de valeur, eft devenue commune à toutes
les autres productions de la nature &
de l'induftrie, votre opération a donc
abfolument été manqué : la fcience,
dans un fiecle fi éclairé, n'aura fait
que confirmer l'ouvrage des fiecles
de barbarie; la liberté aura laiffé les
chofes dans la même anarchie que l'on
attribuoit à l'efclavage : or c'eft ce
qui eft arrivé.

Du moment que la cherté du pain
a paru conftante, tout a renchéri avec
lui, & fur-tout les objets qui tiennent
à l'exploitation des terres, ceux qui
dépendent de l'agriculture; le fuif,
les huiles, le beurre, les œufs, le
cuir, la viande, tout a hauffé de prix.

D'Après vos maximes, le fermier,
fortifié par ce gain inefpéré qui arri-

voit chez lui par toutes les voies,
auroit dû perfectionner fa culture,
multiplier fes troupeaux, couvrir fes
pâtures de beftiaux de toute efpece,
fa baffe-cour de volailles, &c. Point
du tout. Sûr de s'enrichir par la vente
de fon grain, il a dédaigné toute la
menue économie qui avoit été juf-
ques-là fa reffource, & qui, en faifant
fon aifance, contribuoit à celle des
villes. Il n'a plus nourri de poules,
parce que le grain, vendu en mefure,
lui rapportoit plus que quand il étoit
modifié en œufs; & ces œufs, devenus plus rares, ont prefque pourtant
doublé de prix.

Il en a été de même des beftiaux.
Cette partie intéreffante de la confommation, eft, comme je l'ai dit
cent fois plus intéreffante pour la culture même que le grain, puifqu'elle
en eft l'aliment, puifque fans fumiers
il n'y a point de moiffons, puifque

fans troupeaux il n'y a point de culture : cette partie cependant eft né-
gligée aujourd'hui au point que , fi le
gouvernement n'y veille, l'efpece manquera avant peu.

Un fléau terrible fe joint au pernicieux fyftème que je combats , pour
achever de la ruiner : la maladie des
bêtes à cornes, après avoir depuis
vingt ans parcouru toute l'Europe ,
revient fe fixer dans nos prairies. Elle
attaque déjà nos côtes feptentriona-
les, tandis que la pefte les menace.
Elle a penetré , & fait de grands
progrès dans la Flandre , dans l'Artois , dans la Picardie : trouvant nos
fermes dégarnies par l'avidité du
laboureur , qui a mieux aimé avoir
de l'argent dans fa bourfe que des
bœufs & des vaches dans fon étable,
elle va enlever ce qui en fera refté uniquement pour le befoin ; alors , je
                              demande

demande quels feront nos moyens pour réparer cette double perte.

Du côté de l'induftrie, l'influence funefte de la cherté n'a pas été moins fenfible. Les manufacturiers ont monté en proportion, du moins tant qu'ils l'ont pu, le prix de leurs étoffes; & il a bien fallu qu'ils le fiffent, fans quoi ils feroient morts de faim, eux & leurs ouvriers. Le moindre louvier coûte vingt-une livres; il n'en coûtoit, il y a fix ans, que feize; les vanrobais fe paient vingt-quatre livres, ils n'en valoient que vingt; les pagnons font à vingt-huit livres, ils étoient à vingt-une livres.

Il en eft de même de tout le refte. Le bled ne s'eft donc point élevé au niveau, mais tout s'eft élevé avec lui : les chofes n'ont donc pas changé de pofition. Le moindre inconvénient de votre belle théorie feroit de n'avoir produit qu'un mouvement univerfel, &

Tome VI. G

par conféquent inutile. Mais nous
ferions heureux s'il n'étoit qu'inutile !
J'ai prouvé qu'il étoit préjudiciable.
La cherté, dans aucun fens, ne peut
donc être utile. Dans tous les fens
elle eft affreufe, elle ne procure de richeffes réelles ni au propriétaire qui
retire le principal fruit de la culture,
ni au laboureur qui n'en profite qu'ac-
cidentellement. S'il y avoit un être qui
pût s'en applaudir, ce ne feroit que
l'homme affreux, flétri du nom de
négociant en bleds, ce vampire dévorant qui ne fe nourrit que de la
fubftance des vivants & qui fouille le
commerce par l'indigne abus qu'il en
fait. Elle ruine le manouvrier fans
reffource. Elle l'expofe, elle le
force à périr de mifere. C'eft la plus
abominable invention qui foit jamais tombée dans l'efprit d'un être
doué de la raifon. Si l'on n'en jugeoit
que par fes effets, on ne pourroit

se difpenfer de l'attribuer à quelqu'un de ces génies reprouvés que la profperité des hommes afflige , & qui ne trouvent du foulagement à leurs maux, que dans les calamités qu'ils répandent fur notre déplorable efpece.

CHAPITRE XII.

Autre effet de la liberté du commerce des grains, non moins préjudiciable que la cherté. Elle épuise le pays où on la tolere.

UN autre effet non moins certain de la liberté, c'est de dégarnir le pays où le bled croît en faveur de ceux qui en font dépourvus, c'est de proportionner l'étendue des fournitures beaucoup moins à l'opulence de celui qui les fait, qu'à la détresse de celui qui demande, & par conséquent d'exposer le premier à éprouver bien-tôt le même sort, que celui dont il a préservé le second à ses dépens.

A cet égard, dit-on, la liberté porte son remede avec elle. Les maux que vous prétendez qu'elle fait, elle les guérit; & les maux qu'elle n'a point faits, elle les guérit encore. Elle prévient les manœuvres du monopole, ou empêche qu'elles ne soient nuisibles : avec la liberté, la disette même devient la source de l'abondance ; au moindre signe de renchérissement, le bled accourt de toute l'Europe dans la ville, dans la province affligée. Le mal n'étant que dans un lieu, & le secours venant de toutes parts, il n'est pas possible qu'il subsiste. Ne voyez-vous pas que ce que l'exportation aura défait, l'importation va le raccommoder ? *Ne voyez-vous pas que l'une & l'autre sont sur la même route ?*

Cette réponse se trouve mot pour mot dans les *représentations aux magistrats*, pag. 220, & c'est ainsi qu'on croit établir la certitude d'un équilibre toujours existant. Voilà comme on raffure le peuple tremblant à la vue des achats qui épuifent fon marché , & des enlévements qui dégarnif- fent tout un pays. Voilà comme on enhardit le miniftere à laiffer empor- ter ce qui fait feul fa tranquillité , fa vraie puiffance : il en reviendra autant qu'il s'en échappe , *c'eft la même route.* Et c'eft avec de femblables fophifmes que l'on prétend gouverner les hom- mes, c'eft à de pareilles méprifes que leur vie , leur exiftence eft abandon- née.

L'importation & l'exportation font fur la même route ? Sans doute il n'y a pas plus loin de Nantes à Paris , que de Paris à Nantes ; la route qui mene de l'Ifle de France en Bretagne , eft la même que celle qui conduit de Bre- tagne à l'Ifle de France. Mais les fa- cilités pour les denrées pefantes , tel- les que les grains , font-elles les mêmes par le même chemin ? La Loire qui les a emportés rapidement dans son cours d'Orléans à Painbœuf, remontera-t-elle avec la même impétuosité vers sa source, pour les rejeter sur les quais de Briare ou de Montargis ?

L'importation & l'exportation sont sur la même route ? Eh bien, qu'en résulte-t-il ? Ce bled qui part de chez vous, n'a encore subi l'impression d'aucun voyage. Il est à bas prix. Il arrivera dans le lieu où vous l'envoyez, avec la seule augmentation du fret & des dépenses de transport : mais s'il faut qu'il revienne, ces dépenses qui feront encore au moins les mêmes pour le retour, le renchériront d'autant ; car le marchand ne vous le laissera reprendre qu'autant qu'il y gagnera. Vous le paierez donc plus cher que vous ne l'avez vendu. Vous n'aurez pas profité de la premiere charge produite par les frais de voiture, vous supporterez entiérement la feconde, ou vous mourrez de faim.

L'exportation & l'importation font fur la même route ? Eh , fi l'une n'ayant point trouvé d'obftacles, ou même ayant été facilitée par la poli-tique , l'autre venoit à en rencontrer d'invincibles ; fi , par exemple, la guerre fe déclaroit, que les paffages par conféquent fuffent fermés , & que les ennemis plus riches , plus précau-tionnés que vous, euffent enlevé tous vos grains d'avance, que deviendriez-vous dans le cas d'une mauvaife ré-colte?

Vous n'en auriez point dans votre enceinte. Il n'en arriveroit point d'ail-leurs. Il faudroit encore périr de faim avec votre argent.

C'eft le cas où fe trouva Rome , lorfque , dans le temps de fa plus

grande fplendeur , les *pirates* couvri-
rent la Méditerranée. Il fallut une
guerre pour r'ouvrir les communica-
tions ; mais les *p.rates* n'étoient qu'une
puiffance momentanée, fans forces
réelles , une puiffance dont le nom
malhonnête n'auroit pu être ennobli
que par des fuccès qu'il rendoit pref-
qu'impoffibles.

Qu'une puiffance effeƈive, couvrant
le même métier d'un titre plus décent
& fur-tout par des armements plus redoutables, forme le même projet, celui
de vous affamer, d'empêcher chez vous
la rentrée des convois , après avoir eu
l'adreffe de vous enlever votre fubfiftance : quel fera votre recours ?

Mais les Anglois n'acheteront pas
tous nos grains ?

Ils peuvent le faire. Ils ont de l'argent , ils ont du crédit. A la veille
d'une guerre, ils hafarderoient d'autant

G v

moins à cette manœuvre, qu'alors ils
feroient fûrs de fe faire fervir par nos
foldats. Ils nourriroient nos propres
troupes qui déferteroient en foule
pour aller chez eux chercher du
pain.

La prétendue identité entre l'importation & l'exportation, quant aux
reffources contre la famine, eft donc
une des plus chimériques illufions qui
aient jamais été adoptées par une
feéte de philofophes. La feule différence que les courfes du bled mettront
dans fa valeur, à mefure qu'il aura
plus long-temps erré en cherchant
quelqu'un qui veuille le manger, eft
la réfutation la plus complette de tout
le fyftème économique.

Ce bled complaifant, qui viendra
de fi loin trouver la faim, ne feroit
utile qu'autant qu'il pourroit n'être pas
à un prix exceffif dans l'endroit dont

il doit faire le falut, fans quoi ce ne feroit plus un foulagement ; car, comme je l'ai prouvé, cherté fait difette. Cependant il avoit une valeur intrinfeque quelconque dans le pays d'où il part. Si vous le tranfportez par mer, les avaries, l'échauffement occafionné par le féjour du vaiffeau, le chargement & le déchargement, font des rifques & des avances qui l'augmentent ; fi c'eft par terre, les charrois, les accidents, les hommes, les voitures, les chevaux à payer, les pluies qui font germer, &c. font autant de taxes effectives qui produifent le même effet.

Si, en arrivant dans l'endroit, d'où l'on a fait le figne, le négociant fe trouve avoir été prévenu, que l'abondance ait déjà fuccédé à la difette, comme les *économiftes* affurent que cela arrivera toujours, il faudra donc

aller chercher un autre débouché ;
il faudra donc courir de nouveaux
hafards, & fupporter de nouveaux
frais. Quand ces courfes ne feroient
que doubler la valeur du bled voya-
geur, il ne tarderoit pas à fe trouver
à charge à fon propriétaire : il faudroit
le donner à perte.

Le commerce des bleds ne peut
donc jamais être envifagé, ni comme
une reffource pour les provinces af-
fligées de la difette, ni comme un
moyen de gain pour les négociants
honnêtes.

Cette denrée ne deviendroit que
comme les menues marchandifes de
merceries, que l'on promene de foire
en foire. Après bien des lieues par-
courues, elles fe trouvent avoir confommé, fans profit pour leproprié-
taire, beaucoup plus que ce qu'elles
auroient pu produire en les vendant

même à perte dans le lieu où elles ont
été fabriquées ; mais il y a cette différence , que ces étoffes ou quincaille-
ries qui courent les foires , ne font que
les rebuts des fabriques. Dans la nou-
veauté , les premieres productions en
ce genre ont donné un bénéfice capable d'indemnifer de la diminution qui
déshonore ces dernieres.

Il n'en eft pas de même à l'égard
du bled. Les derniers feptiers vendus
valent autant que les premiers. S'ils
étoient fujets à cette appréciation inverfe qui fert de prétexte ou d'excufe
aux marchands forains , il faudroit
qu'ils changeaffent de nature , qu'ils
fuffent incorruptibles comme les étoffes , qu'ils puffent fe garder auffi long-
temps. Le déplacement des merceries
ne les altere point , & n'oblige pas à
en jeter la plus grande partie, ce qui
arrive prefque toujours aux bleds tranf-

portés : d'où réfulte perte privée pour
le négociant, & perte publique pour
l'état , à qui l'on enleve ainfi une
denrée précieufe.

CHAPITRE XIII.

Réfutation du système qui suppose que la liberté portera du grain par-tout, & de proche en proche.

MAIS on continue : ce n'est pas de l'étranger que nous tirerons nos grains ; l'approvisionnement se fera de proche en proche. Ce sang nécessaire, circulant avec liberté , ira de lui-même trouver la partie qui se trouvera épuisée. Il s'épanchera des poumons dans le cœur , du cœur dans les arteres , d'où il s'élancera dans les veines. Ce passage imperceptible rafraîchira, nourrira tous les rameaux de la végétation politique , sans qu'il soit seulement besoin d'y veiller. L'intérêt commun des particuliers sera la balan-

ce , la mesure qui réglera , soit le ver-
sement intérieur , soit l'évaporation à
l'extérieur dans le cas d'un superflu
trop abondant.

A cela , deux réponses fort simples.

1°. Ce cœur , ce centre par lequel ,
dans le cas de nécessité , vous voulez
que toute la masse de votre sang repas-
se, ce sont les provinces méditerranées,
qui n'ont ni le voisinage des ports , ni
les rivieres navigables qui y équivalent à-peu près pour l'exportation , &
qui sont à-peu-près nulles pour l'importation. Or ces provinces seront sans
difficulté les premieres dégarnies.

Les frontieres , je l'avoue , com-
menceront par se vuider ; c'est chez
elles que le bon prix & la liberté feront
d'abord leurs ravages. C'est sur-tout
avec l'étranger qu'elles gagneront en
lui cédant leurs denrées ; mais ce n'est
pas de lui qu'elles en recevront, quand

elles n'en auront plus. Elles tireront
au contraire leurs reſſources pour elles-
mêmes & pour l'entretien de ce commerce lucratif, des provinces intérieu-
res plus éloignées des débouchés ,
moins inſtruites des variations des
prix , & forcées par leur ſituation à
laiſſer un bénéfice aux courtiers qui
ſe chargent de leurs productions.

Ces provinces fourniront tant qu'el-
lesaur ont ; & lors même qu'elles
feront épuiſées , l'apparence des richeſſes qu'elles auront fournies , ou
même la réalité durera encore chez
leurs voiſines. Dans une ſaignée trop
abondante , ce n'eſt pas le bras ou le
pied par lequel le ſang s'écoule , qui
ſe ſent le premier de la défaillance.
C'eſt le cœur , c'eſt le cerveau , qui
ſemblent cependant bien plus loin de
la piqûre. Il en ſera abſolument de
même dans le cas que j'examine , les
frontieres feront encore dans l'opu-

lence, & entretiendront l'exportation, lorfque dans le centre un relâchement fenfible, une fueur froide, s'il eſt permis de le dire, annoncera déjà l'imprudence de l'opération, & la foibleffe qui ne peut manquer d'en être la fuite.

Vous dites : mais le bled remontera bientôt. Mais j'ai déjà obfervé qu'il n'auroit pas les mêmes facilités pour le retour ; qu'il feroit hauffé de prix en revenant ; que ce feroit une furtaxe cruelle, mife fur ces contrées indifcrettes, à qui l'appas d'un gain momentané auroit fait oublier la néceffité future, & que vous forceriez de racheter leurs propres moiffons beaucoup plus cher qu'elles ne les auroient vendues.

Mais je vais encore plus loin, & c'eſt une feconde réponfe à l'affurance avec laquelle vous vantez les bons effets de la liberté, en difant anathême à toute efpece de réglement. Si les provinces frontieres elles-mêmes ont été abandonnées à cette indépendance abfolue, à ce libertinage politique, s'il eft permis de le dire, à cette frénéfie marchande qui oublie fon propre befoin pour ne s'occuper que de l'argent que peut rendre celui des autres quand il eft fatisfait ; fi enfin elles font auffi dans le dénuement, & qu'elles fe trouvent dépourvues du fuperflu fur lequel vous avez compté pour indemnifer à leur tour celles qui fe feront mifes dans l'indigence pour le leur fournir, quelle fera la reffource de celles - ci ? Que feront-elles de leur or, de cet or fatal mis à la place du bled qui fe fera écoulé de leurs mains ? Que deviendront cette culture fi floriffante, ces fermiers fi refpecta-bles, ces colons fi célébrés dans vos brochures, & dont la richeffe vous paroît une portion fi intéreffante de la politique ?

Mais la moiffon viendra ! Et fi elle eft mauvaife ? Il eft vrai que vous devez les redouter moins que perfonne. Les mauvaifes années vous les multipliez fur vos papiers pour accréditer votre fyftême, tandis qu'il femble que la nature s'opiniâtre à nous épargner les unes pour adoucir les pernicieufes influences de l'autre. Vous avez la hardieffe de foutenir que toutes les récoltes ont manqué depuis 1764 Un écrivain ne craint pas d'avancer, qu'*une de ces années a été plus difetteufe en tout genre de productions, qu'aucune année de ces temps malheureux qui forment dans l'hiftoire des époques de calamités* : & il ajoute que *cependant le grain & le pain font toujours reftés à des prix fort inférieurs aux prix de ces temps-là. Le peuple*, continue-t-il, *a donc été foulagé par quelque caufe bienfaifante , c'eft-à-*

dire par la liberté. Il y a là au moins bien des erreurs.

1°. Il est faux que depuis 1764 jusqu'en 1768 il y ait eu trois mauvaises récoltes. En général les moissons ont été bonnes. Quelques provinces ont essuyé une stérilité locale ; mais les dépouilles en total n'ont été qu'avantageuses : les fléaux qui ont affligé, le Querci, le Bordelais, ont respecté l'Alsace, la Lorraine, la Champagne, la Picardie, l'Isle de France, la Beauce, l'Orléanois, &c. &c. &c. L'état commun du royaume n'avoit donc rien d'inquiétant. Il s'y est recueilli beaucoup plus de grains qu'il n'en falloit pour entretenir la consommation ; si le bled ne s'étoit écoulé par torrents dans cet instant, nous serions restés dans l'abondance que nous tenions de la nature Nous n'aurions point essuyé la misere que nous n'avons due qu'au système de la liberté.

2°. Nommez cette prétendue année difetteufe en tout genre, qui doit faire oublier 1709, 1740, & ces autres époques de calamités, au feul fouvenir defquelles les cœurs fenfibles s'émeuvent encore. Si ces malheurs ont été retracés de nos jours, ce n'eft qu'un fyftême erroné qu'il en faut accufer. La terre a été prodigue de fes fecours, & c'eft votre main qui nous les a arrachés. Votre funefte & cruelle liberté n'a pas précifément brûlé les épis, mais elle les a fait difparoître, fans qu'il nous foit même refté la cendre qui auroit du moins fertilifé nos terres. Qu'avons-nous gagné à ce ménagement apparent ?

3°. Il eft encore bien faux que le bled foit refté à des prix fort inférieurs aux prix de ces années de défaftres. Toute la France dépofera contre cette affertion. Le Limoufin, le Berry, l'Auvergne, le Lyonnois, la Champagne, font autant de témoins qui vous condamneront. L'Artois même, province que j'ai déjà citée, qui n'a essuyé aucune stérilité, qui a eu des années, finon d'une pleine abondance, au moins assez fertiles pour être réputées heureuses, l'Artois a vu le pain dans son enceinte au même prix que dans les années de desastres.

Et observez que dans ces temps, où la politique encore accessible à quelques sentimens de pudeur & de compassion, s'inquiétoit de l'état du pauvre, & s'empressoit de le secourir; dans ces temp-là les chertés n'étoient que passageres & momentanées. Mais depuis la promulgation des principes économiques, elle a été constante & durable. Le journalier n'a pas eu un instant de relâche, pas une minute où il n'ait eu besoin de tremper avec ses larmes la *fagamité* amere qu'il étoit forcé de dévorer, au défaut du pain que vous lui aviez arraché. Dans la Marche, dans le Poitou, des familles entieres ont vécu de fon, d'herbes, de tout ce qu'il y a de plus vil & peut-être de plus dangereux.

L'année derniere encore, à l'approche de la moiffon, l'*efcourgeon* tout verd a été arraché par ces malheureux que la faim trompoit, & qui croyoient trouver dans cette production imparfaite la fubftance du grain, parce qu'elle en avoit déjà la forme. On l'a fait griller au four, afin qu'il pût foutenir l'action de la meule. On en a fait du pain ; on l'a mangé. Des coliques, des diffenteries en ont été la fuite. Cet aliment, changé en poifon, a dépeuplé des villages, tandis que dans la capitale on differtoit fur les bons effets de la liberté.

Voilà

Voilà les vrais fruits de la liberté indéfinie, & elle n'en fauroit produire d'autres. Elle eft infiniment nuifible, c'eft-là fa propriété & l'unique réfultat qu'elle préfente.

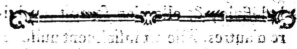

CHAPITRE XIV.

Que les éloges donnés à la liberté du commerce des grains, sont remplis de contradictions & d'exagérations inconcevables.

ON l'a vantée cependant, on en a vu paroître des panégyriques fortifiés même par des noms respectables; mais quand les faits ne déposeroient pas contre elle & ses apologistes, quand les gémissements de tout un peuple en pleurs qui la déteste, ne seroient pas plus croyables que les phrases & les arguments de ses protecteurs; la maniere seule dont elle est défendue, permettroit-elle de croire que les auteurs de ces éloges fussent bien convaincus de ce qu'ils avançoient?

Dans une de ces pieces, on lit :

nous croyons déja voir naître plus d'en-
fants qu'autrefois ! mais un objet pareil
eſt - il donc un de ceux où l'idée , la
ſuppoſition peut avoir lieu ? Eſt - ce
ſur un *nous croyons* , qu'on ſe flatte
de décider le gouvernement à autoriſer
une opération trop réelle ? Eſt-ce en
le flattant d'une augmentation incertaine dans le nombre de ſujets à venir,
qu'on peut l'engager à conſacrer un
état des choſes, qui compromet l'exiſtence des ſujets actuellement vivants ?

D'ailleurs eſt-ce donc deux ans
après la publication de la loi qui au-
toriſoit la liberté , qu'on pouvoit déjà
s'appercevoir de ſes effets quant à
la population, ou même les ſoupçon-
ner ? Eſt-ce quand la moitié de la nation , & celle ſur-tout à qui le don de
faire des enfants a été ſpécialement
dévolu, manquoit de pain de toutes
parts, que l'on pouvoit s'imaginer voir
les familles ſenſiblement accrues ?

H ij

M. D*** ne raifonnoit pas de même tout-à-fait dans une de ces notcies de tous les livres confacrés à la *fcience*. Dans le nécrologe dreffé par lui, mois par mois, jour par jour, de toutes les brochures oubliées au pied de la divinité ; il déplore deux ans de filence, & il fe récrie amérement que les progrès de la *doctrine* ont été réculés d'autant, qu'il en a peut-être coûté la vie *à vingt millions d'hommes, & la naiffance à deux cent millions d'enfans*. Eh ! qui vous empêchoit d'en faire, humain & peuplant philofophe ? Étoit-ce cette liberté qu'on vous ôtoit ? Eh quoi ! n'avez-vous cette faculté que dans vos livres, ou bien en prêchant le prétendu moyen de rendre les hommes heureux : tremblez-vous d'en augmenter le nombre par vous-même, & de couvrir la terre d'individus que vos pernicieufes erreurs dévouent à la plus cruelle indigence ?

Ce n'eſt pas tout : tandis que d'un côté on diſoit hautement : nous croyons voir *naître plus d'enfants , graces à la liberté* , on imprimoit que *la liberté n'avoit exiſté nulle part.* C'eſt un des plus forts articles des *repréſentations aux magiſtrats.* C'en eſt même le fondement , & le principal objet de cet ouvrage eſt de le prouver.

Il y a plus : cet écrivain, après avoir aſſuré , à la page 11 de ſes repréſentations , que depuis 1764 il n'y avoit eu que de mauvaiſes années , dont une au - deſſous des plus mauvaiſes , ſoutient , à la page 236 , que *depuis* 1764 *l'exportation a procuré chaque année des récoltes plus fortes que la précédente :* ce qui laiſſe difficilement un intervalle pour placer l'année diſetteuſe pire que 1709. Enfin , à ſes pages 233 & 234, il prétend qu'il y avoit *un ſuperflu immenſe de grains en France,* & que la *liberté n'en a preſque pas fait ſortir ;*

H iij

tandis qu'à la page 237, il voit plus de 50,000,000, liv. *versées dans l'état par le commerce*, & l'agriculture reſſuſcitée au moyen de l'exportation. Des aſſertions ſi contradictoires ne portent aſſurément pas ſur des vérités. Je n'en examinerai qu'une ici, c'eſt la revivification de l'agriculture par la liberté.

Eſt-elle fondée ? Helas non ! c'eſt une des plus terribles mépriſes de ces écrivains, que d'avoir eſſaié d'en impoſer au gouvernement, ſur cet article, par des brochures.

Non : l'agriculture n'eſt point rétablie. Elle eſt affoiblie à un point qu'il ſeroit peut-être difficile de calculer. Ces prétendus défrichements ont été, quelque temps, les objets de toutes les ſpéculations de nos agronomes citadins : mais au fond c'eſt un badinage, qui n'a produit que du mal dans

les provinces, s'il y a produit quelqu'effet réel.

Pour défricher, il faut supposer
que le nombre des bras laborieux soit
augmenté dans un royaume; sans quoi
votre opération est illusoire. Vous ne
faites que changer la culture de place :
n'ayant pas plus d'ouvriers, vous ne
travaillez pas plus de terrains; mais,
au lieu de les appliquer aux cantons
fécondés par vos peres, vous vous
attachez à ceux qu'ils avoient dé-
daignés, ou que l'impuissance leur
avoit fait abandonner. Ce n'est donc
pas le nombre des friches qui diminue, c'est leur situation. Les
lieux cultivés deviennent des landes,
tandis que les landes se couvrent de
moissons : voilà tout ce que l'état y
gagne, & il y perd ce que les ancien-
nes terres rendoient par les impóts,
dont les nouvelles cultures sont exemp-
tées; il y perd ce que l'introduction

H iv

des beaux - esprits défricheurs, des laboureurs à projets, détruit des mœurs, de la bonhommie ruftique dans les villages où le malheur commun les fixe.

Voilà quel a été le fruit de toutes ces grandes entreprifes d'agriculture faites par des compagnies de Paris, de ces beaux établiffements entre Bordeaux & Baïonne, de ces deffé-chements entrepris avec tant d'appa-reil : toutes fpéculations qui n'ont fait qu'épuifer la bourfe des actionnai-res, remplir celle des principaux di-recteurs, & attirer enfin des banque-routes ignominieufes pour la nation, fans qu'il en ait réfulté rien de réel, rien de vraiment avantageux.

Citera-t-on à l'appui de ces chime-res, comme on l'a fait dans les Ephé-mérides (a), un curé de Mondreville,

_____

(a) 1770, tome 5, p. 13 & fuiv.

grand prédicateur du commerce libre,
& obfervateur fcrupuleux de fes effets? Ce prêtre véridique prétend prouver par des exemples le bien de cette
liberté. Il cite fa paroiffe, & préfente
la plus admirable échelle de la variation qui s'y eft fait fentir.

En 1762, elle n'étoit compofée que
de foixante-cinq feux. De 1762 à 1764,
efclavage, & par conféquent ruine &
dégradation, dont il donne le relevé
fucceffif & effrayant. En 1764, richeffes, profpérité, augmentation de mé-
nages, des enfants, & même des ânes,
qui ne font point oubliés dans fon
calcul. Dans les réflexions qui fuivent
la lettre du pafteur, on n'oublie pas
d'attribuer les malheurs à la prohi-
bition, & le bonheur à la liberté.
Mais fi les prohibitions avoient été
fi nuifibles qu'elles euffent emporté,
comme il le dit, en deux ans dans fa
paroiffe $\frac{1}{2}$ des habitans & des va-

H v

ches, $\frac{1}{10}$ des chevaux, & qu'elles euffent fait laiffer en friches ; des terres ; en 1762, il n'y auroit plus eu
rien à détuire à Mondreville.

Ce n'eft pas à cette année que les
prohibitions ont commencé. Ou donc
ce village n'auroit plus exifté depuis
long-temps, ou il faudroit croire qu'il
formoit autrefois une ville comme
Peking, afin que l'influence meurtriere
des prohibitions eût eu de quoi s'y
exercer. Il en eft de même du tableau
oppofé. Si le cacul que préfentè le
confciencieux pafteur des progrès de
la reftauration en quatre ans, étoit
vrai, avec la liberté, dans cinquante
ans d'ici, Mondreville feroit plus
grand que Paris, & la cure de ce
hameau vaudroit en novales mieux
que le meilleur évêché de France.
C'eft ce que je fouhaite au prêtre qui
en eft pourvu, ce pauvre curé eft
encore un fpéculateur modefte, un

partifan fage & raifonnable de la liberté; la philofophie rurale en exalte bien autrement les avantages & les produits. Voici ce qu'on y lit, à la page 295 du tom. 2 : » Si vous don-
» nez tous les ans 100 liv. à un la-
» boureur, & qu'il emploie cet argent
» à la culture, il aura dans neuf ans
» 102200 liv. pourvu que la produc-
» tion ait fon LIBRE cours, & qu'il
» remette toujours en accroiffement
» d'entreprife le produit de cette gra-
» tification, de maniere que le tout
» faffe le fer à cheval. *L'inventeur*
» *ajoute, en s'adreffant à fon lecteur :*
» Penferai-je que vous répugnez à
» vous rendre à l'évidence? Serai-je
» affez coupable pour foupçonner qui
» que ce foit de mauvaifes intentions,
» & de s'élever contre les vérités les
» plus refpectables & les plus impor-
» tantes au genre humain ?

Il devoit ajouter, les plus neuves &

les plus extraordinaires ; car fi la vie prenoit à un arithméticien de pouffer plus loin le calcul, de prendre trois périodes de neuf ans, par exemple, au lieu d'une, & de fupputer ce que peut rendre le fer à cheval avec la liberté au bout de vint-fept ans, on trouveroit que le laboureur, avec fes 2700 liv. d'avances annuelles, fera devenu riche de 26, 675, 528, 200, 000, 000 de livres tournois. Réduifant ce tréfor en une expreffion plus portative, il donnera un milliard quatre cent millions de toifes cubiques d'argent monnoyé, ou de quoi couvrir quatre-vingt-treize millions trois cent trois mille trois cent trentetrois arpents trois cent toifes & quelques pieds quarrés, c'eft-à-dire les deux tiers de la France, en écus de fix livres.

S'il a vendu fon bled fur le pied feulement de 30 liv. le feptier de Pa-

ris, ce qui n'eſt pas tout-à-fait bon
prix, il s'enſuivra que les 100 liv. ſi
prudemment rendues à la terre tous
les ans, ont produit huit cent quatre-
vingt-neuf billiards cent quatre vingt-
ſept milliards ſix cent ſoixante-ſix millions ſix cent ſoixante-ſix mille ſix
cent ſoixante - ſix ſeptiers cinq boiſ-
ſeaux & un tiers, meſure de Paris;
c'eſt-à-dire, de quoi nourrir au moins
vingt millions d'hommes pendant onze
millions huit cent quinze années, ou
de quoi approviſionner dix-huit cent
cinquante-deux royaumes auſſi grands
que la France, & quelques vi'les frontieres, pendant ſix mille ans, le tout
ſorti d'un grain de bled en 27 ans.

Il n'y a pas lieu d'être ſurpris qu'a-
vec de ſemblables richeſſes les écrivains qui les promettent, craignent ſi
peu la diſette & la cherté. On ſent
qu'ils ne doivent être embarraſſés que
de l'abondance. L'auteur de la philo-

fophie rurale paroît fcandalifé, à la même page, de ce que les laboureurs qui
n'approfondiſſent pas ſes principes par
les calculs , ſont effrayés. Mais ils le
feroient encore bien davantage s'ils
calculoient. Ils trembleroient tous
d'eſſuyer le fort de cette fille Ro-
maine, accablée par les Sabins ſous
les récompenſes de ſa trahiſon ; ils
redouteroient bien plus cette effroyable abondance, que la difette
la plus dévorante.

CHAPITRE XV.

Pourquoi il y a des pays où la liberté
du commerce des grains & ses effets
ne sont pas à craindre.

GENES, Malthe, la Barbarie ;
la Hollande, plusieurs pays du *nord*,
laissent, dit-on, *les portes ouvertes à*
l'exportation, & ne craignent point la
disette. On parle de la Provence , du
Languedoc, dont les parlements réclament à grands cris la liberté ; mais
combien toutes ces citations sont-elles
peu propres à étayer le système dont
on veut qu'elles soient l'appui !

Genes & Malthe , dans leurs ro-
chers, bornées à des citrons, à des
fleurs, à des récoltes d'agrément, font
bien sans doute d'appeler chez elles

bien fans doute d'appeler chez elles
l'importation fous le titre d'exportation. C'eft du bled qu'elles demandent
à acheter, en feignant de vouloir en
vendre. Elles font comme ce pauvre,
qui follicitoit une place de marmiton
dans une grande cuifine : c'étoit pour
en partager l'abondance, & non fans
doute pour l'augmenter.

Il en eft de même de la Hollande :
elle n'eft qu'un entrepôt de commerce :
elle vit du courtage univerfel. Si elle
interdifoit jamais dans fes port..
fortie d'une denrée quelconque, comment pourroit-elle fe flatter de l'y voir
entrer ?

L'auteur des *repréfentations*, en fe
moquant de nos terreurs quand nous
voyons nos grains s'échapper de toutes
parts, a grand foin d'obferver, pag.
21, que *l'on a vu vendre le dernier feptier
de bled à Amfterdam, fans que le peuple
prit l'alarme.* Je le crois bien. Ce

peuple en mange.peu, & n'en recueille point. Il doit donc être très-indifférent fur toutes les manipulations qu'il lui voit fubir. Il eft de l'effence des chofes en ce pays, que cette denrée y foit perpétuellement en action, qu'on l'y voie dans un mouvement continuel, fans quoi elle n'y arriveroit pas.

Mais nous, fommes-nous donc dans la même pofition?

Pour tirer toujours nos images de la même comparaifon, les riverains du Rhône voient, tous les jours, fon eau couler avec rapidité; ils s'inquietent peu de ce qu'elle devient, parce que c'eft la fuite de celle qui paffe aujourd'hui, qui néceffitera l'arrivée de celle qui paffera demain; mais fi les habitants du Valais voyoient toute la furface de leur lac prendre le même mouvement, céder à la même impulfion, ne feroient-ils pas dans les plus grandes alaimes? Nous fommes les Valaifans,

& les Hollandois font les voifins du Rhône.

On doit en dire autant de la Provence, du Languedoc, du Dauphiné, &c. Les éloges donnés par les compagnies fouveraines de ces provinces à la liberté, ne doivent pas tirer à conféquence pour le refte du royaume. La preuve en eft d'abord, que d'autres compagnies ont demandé au roi tout le contraire dans d'autres provinces : les parlements de Paris & de Normandie ont fait des prieres & des affertions toutes oppofées à celles des parlements d'Aix, de Touloufe, de Grenoble : voilà donc autorité contre autorité. Les noms ici ne font donc plus rien.

Enfuite il n'eft pas étonnant que ces dernieres cours aient tenu le langage qui femble démentir nos principes. Leurs refforts font précifément dans le cas de tous les pays dont je viens de parler. Ils produifent peu de bled. La plus grande partie de celui qui s'y confomme leur vient du dehors. Il eft donc naturel qu'elles aient reven- diqué à grands cris la liberté de l'im- portation.

Troifiémement, à l'égard de l'expor- tation, elle leur auroit été très-indiffé- rente, fans un hafard fingulier qui l'a rendue lucrative pour les diftricts fitués fur le bord de la Méditerranée, & poftés de maniere à en faire le com- merce fans peine. Ce hafard, c'eft la ftérilité qui a frappé l'Italie trois ans de fuite. Marfeille, Cete, tous les ports de cette côte, & par confé- quent les provinces dont ils font l'en- trepôt, ont éte la reffource de cette contrée affligée. Ce font vraiment elles qui ont nourri l'Italie, & le commerce y a réellement fait paffer beaucoup d'argent.

Mais étoit-ce de leur crû que pre-

venoient les bleds que leurs négociants
revendoient à Naples & à Parme ?
Non, sans doute ; c'étoient ceux du
Limousin, de l'Auvergne, du Berry,
qu'ils y avoient achetés à bas prix.

Quand une fois ces réservoirs ont
été épuisés, on a vu arriver précisément ce que j'ai annoncé plus haut
qui arriveroit toujours. L'opulence est
restée sur la frontiere, & la plus
affreuse misere dans le centre. Le
bled n'a trouvé ni chemin, ni forces
pour remontrer, quoiqu'il en eût
trouvé tant pour descendre. Ces ports,
qui avoient servi de passages au commerce pour emporter les dépouilles
des habitants de Brives & de Bourges,
ont servi à alimenter Marseille, Tou-
louse & leurs environs. La mer & le
canal ont voituré les approvisionne-
ments nécessaires pour éloigner au
moins la disette ; mais elle s'est fixée
dans ces montagnes, où la mer & les

canaux ne font d'aucune utilité. Elle a fait cruellement payer à ces laboureurs indifcrets l'imprudence qu'ils avoient eue de préférer de l'argent avec lequel on meurt de faim, à la denrée avec laquelle on vit toujours.

Et ce n'eft pas à eux feuls que s'eft bornée cette trifte fuite des enlevements exceffifs. Lyon, accoutumée a tirer fa confommation de l'Auvergne, &c. a été fort furprife d'y trouver tous les greniers vuides. La difette a donc été à Lyon : le pain y étoit encore cet hiver à un prix exorbitant, en 1771, & fi la police n'étoit pas changée, il augmenteroit, fans difficulté, jufqu'à un excès intolérable.

Cette différence de fituations & d'intérêts donne la clef de la contradiction apparente qui exifte entre les vœux des cours fupérieures du royaume, & conftate la néceffité des réglements proportionnés à la conftitution

physique & politique de chaque pays.
Il en faut en Provence, pour favoriser
l'importation, il en faut en Auvergne,
pour la défendre.

A l'égard de la Barbarie, quel bien
y fait donc la faculté d'en exporter
les grains ? La culture y est-elle floris-
sante ? Les peuples y sont-ils heureux
& riches ? Le gouvernement y est-il
doux ? Les maîtres songent-ils qu'un
de leurs axiomes fondamentaux, c'est,
d'une part, que la servitude détruit
tout, anéantit tout; & de d'autre, que
les peuples soumis au joug du pouvoir
arbitraire, sont des vrais serfs ? Si la
Barbarie est riche, peuplée, fortunée
en tout sens, le pouvoir arbitraire,
l'ignorance de l'ordre légal ne sont
donc pas si funestes; & si elle n'est
rien de tout cela, le bled peut donc
croître au milieu de l'oppression; la
liberté politique n'a donc point d'influence sur l'abondance des moissons

la terre cultivée par des mains efclaves, peut donc n'en être pas moins
féconde.

Le fait eft que les Barbarefques,
fur des champs couverts des plus riches
récoltes, croupiffent dans la plus affreufe mifere. La liberté des grains ne
les garantit d'aucun des fléaux attachés
à l'extrême indigence.

Il en eft de même des Polonois. qui
font fans doute ces peuples du nord
qu'on nous propofe pour modèle.

On nous foutient que la culture ne
peut être floriffante que quand le bled
eft cher, & on nous montre autour
de la Viftule de vaftes plaines où la
culture fleurit, & où le bled eft à bon
marché; c'eft même fur ce bon marché
que l'on fonde les reffources que l'on
nous promet contre l'excès du bon
prix; on nous apprend que la culture
ne peut être fructueufe que fous des
mains opulentes, & on nous fait voir,

dans ces palatinats désolés, une culture fructueuse exploitée pas des mains indigentes, par des mains de serfs qui ne possedent rien. On nous flate de devenir le grenier commun de l'Europe, les fournisseurs universels, & on nous indique des ports qui regorgent de grains à un prix qui, dit-on, ruineroit chez nous le laboureur & l'état sans ressource.

Enfin, pour dernier trait d'inconséquence, dans quel temps nous vante-t-on l'exemple & la richesse de la Pologne ? C'est lorsque ses villes en cendres sont en proie au plus affreux pillage, lorsque ses campagnes dévastées ne sont couvertes que des cadavres de leurs cultivateurs, lorsque la plus effroyable anarchie la désole : c'est alors que M. l'abbé *Baudeau* va y prendre possession d'un bénéfice. C'est alors que ce célèbre économiste (a) écrit, de Grodno, une lettre cha-

_____

(a) *Représentations*, page 259.

ritable

ritable, où il annonce du *beau froment*
à 20 *livres de* Paris, *à quiconque en*
voudra, quitte de tout, tiré de Dantzic
& de Konigsberg. Il donne des adref-
fes, moyennant lefquelles *on en aura*
tant qu'on voudra pour ce prix. Et
comme fi ce bled étoit déjà arrivé, il
fe récrie, fur le champ, avec com-
plaifance : *Voilà une bonne réponfe aux*
frayeurs de nos citadins.

Afin de rendre la réponfe encore
meilleure, il ajoute : *Si j'avois été*
plutôt ici, vous auriez actuellement ce
même froment là, dans toute la France,
& il n'auroit pas coûté plus de 15 à 16 l.
Mais, fage bienfaiteur de l'humanité,
oubliez-vous donc que le bled de Dantzic arrivé dans nos ports à ce prix là,
auroit forcé nos colons à ne pas vendre
le leur plus cher? Et depuis quatre
ans vous combattez avec fureur, vous
épuifez toutes vos reffources, pour démontrer que ce prix là fera la ruine

de notre agriculture & le signal du renversement de notre patrie.

Ce n'est pas tout. M. le prévôt de Viluiski ajoute : il y a ici du grain qui se perdra, ou qui se boira en mauvaise biere, en mauvaise eau-de-vie, plus qu'il n'en faudroit pour nourrir, trois ans, le royaume de France.

Mais soyez donc d'accord avec vous-même. Quoi ! vous jurez que la liberté nous garantira des mauvais effets de trop d'abondance. Vous êtes prêt à sceller de votre sang, dites-vous, cette grande vérité, qu'avec la liberté le grain aura toujours un prix uniforme & invariable, que le cultivateur sera toujours riche, & la denrée jamais avilie ; & vous m'apprenez vous-même, que dans un pays libre à cet égard, dans une contrée où la sortie des grains n'éprouve aucune gêne, ils s'accumulent dans des moments de désastre, de dépopulation, de ravages, de stérilité en tout sens, au point que les propriétaires en font surchargés & ne savent qu'en faire !

Après une lettre si sage & des nouvelles si consolantes, le missionnaire mitré encourage ses apôtres à les prêcher dans tout l'univers. Il leur dit, avec un sang froid majestueux : *dites ceci à tout le monde de ma part* : c'est la parodie de l'ordre : ITE ET EVANGELIZATE IN NOMINE MEO. Voilà jusqu'où le fanatisme d'une secte, l'oubli des vrais principes de la raison & de l'humanité peuvent égarer même des esprits estimables d'ailleurs, & comment on arrive à joindre l'excès du ridicule à celui de l'erreur.

CHAPITRE XVI.

Qu'il faut des réglements pour restreindre
la liberté du commerce des grains.

LEs partisans de la liberté eux-
mêmes, administrent donc des preuves
convaincantes que la liberté est inutile,
qu'elle n'assure ici l'opulence ni le bonheur d'un peuple, & que par conséquent les ordonnances qui la restrei-
gnent, ne méritent pas les déclamations
qu'ils ont osé se permettre contre ces
entraves de la cupidité.

La liberté indéfinie n'est point toujours utile : elle peut être dangereuse,
elle l'est, elle l'a été pour nous. La
liberté n'a de bons effets qu'avec des
restrictions. Or ces restrictions sont
des réglements sages, des réglements
combinés avec réflexion, des régle-

ments qui ne foient, ni fondés fur la ridicule & chimérique évaluation du *prix moyen*, ni fur le rapport arbitraire de l'avance locale ; mais fur une connoiffance approfondie des temps, des lieux, des vrais intérêts de chaque peuple & de chaque province ; connoiffance que le miniftere a, ou doit avoir, & qu'il doit fe procurer à quelque prix que ce foit, s'il ne l'a pas, comme toutes les autres, fans lefque les il ne peut que faire le malheur des peuples, & par conféquent le fien.

C'eft ici que l'enthoufiafme des partifans de la liberté redouble. Ils difent que la manie *réglementaire* eft caufe de tous les maux qui nous accablent : au nombre des tyrans *réglementaires* qui ont opprimé le peuple en voulant le foulager, ils placent le le chancelier de *Lhopital*, qu'ils appellent un *petit génie, minutieux*,

I iij

ignorant ; au nombre des loix faites pour exciter le mépris & l'indignation de la postérité, il placera celle de 1567, dictée par ce chef de la magistrature, par ce digne organe de la majesté royale, par cet homme que son siecle n'a point assez connu, mais que les siecles suivants ont récompensé de cette injustice, & dont la mémoire n'auroit jamais trouvé que des admirateurs respectueux, s'il n'avoit amais existé d'*économistes*.

Eh! d'où vient donc ce transport? Quoi! les réglements vous paroissent une contrainte toujours nuisible sans exception! D'abord cela n'est pas vrai. N'y eût-il que le cas de la peste, il est évident qu'ils peuvent être bons. Sans des loix féveres & des précautions rigides, ce cruel fléau ne s'arrêteroit jamais dans les pays où l'imprudence le laisse pénétrer. Sans une assiduité vigilante, sans l'observation

scrupuleuſe des réglements, il ſe re-
produiroit ſans ceſſe de nouveau, &
ne s'éteindroit un moment, que pour
ſe rallumer avec plus de fureur.

Voilà donc au moins une conjonc-
ture où les réglements ſont néceſſaires ; mais enſuite tout ce que nous
venons de dire de la liberté, ne dé-
montre-t-il pas qu'ils ſont au moins
auſſi indiſpenſables dans la matiere
du commerce des bleds? La peſte ne
tue qu'une portion des citoyens vivants ; & ceux qui n'en ſont point
attaqués, ne s'en reſſentent pas.

Mais le défaut de police, dans la
manutention des grains, les expoſe
tous à périr ; & ceux même dont elle
ne compromet pas ſenſiblement l'e-
xiſtence, ne laiſſent pas que d'en ſouf-
frir. Elle entraîne des cruautés, des
violences qui donnent des convulſions
redoutables à tout le corps politique.
Et les gémiſſements ſeuls des membres

que cette gangrene dévore , ne suffi-
roient-ils pas pour la faire abhorrer de
tous ceux qu'une situation plus heureuse en garantit ?

Si la sagesse ne vous en donne pas
des réglements , il faudra donc vous
abandonner aux caprices de la cupidité. J'ai prouvé que les prétendus secours de l'intérêt averti par le besoin,
étoient une ressource illusoire. S'il
vous en procure de réels , il ne le fera
qu'avec la certitude d'un gain énorme. Il ne connoîtra de mesures dans
ses exactions , que celle de ses desirs ;
& ces desirs illimités , comme la pas-
sion qui les produit , ne seront assouvis
que quand il aura dévoré , & vous , &
votre peuple , & le terrain même sur
lequel il aura été admis à exercer ses
ravages.

Mais les réglements n'ont produit
que de mauvais effets ! Ouvrez l'his-
toire , vous verrez les plus grandes

chertés se rapporter juste aux époques
où il y a eu des loix promulguées pour
les empêcher : donc ces loix ont produit ces chertés.

Quoi ! parce que des manœuvres
criminelles , ou des stérilités subites ,
ont occasionné un étranglement auquel
il a fallu pourvoir, vous serez en droit
d'en conclure que ce calmant, qui a
appaisé les douleurs , en a été la vraie
cause !

Vous nous compilez une douzaine
d'époques triées avec soin sur douze
siecles. Vous nous citez de ces chertes
passageres , qui n'ont encore été que
locales & visiblement causées par le
malheur des saisons ; & vous en tirez
des conséquences triomphantes contre
les réglements que vous trouvez à la
même date ! Mais vous ne dites pas
qu'ils ont fait disparoître la cherté :
vous ne dites pas que , sans eux , elle
auroit été peut-être plus excessive :

l v

vous n'avez garde d'obferver que fans la liberté, le prix ordinaire eft pourtant revenu, & vous criez toujours que la liberté eft l'unique falut des empires.

Sans doute les réglements peuvent être inutiles & même dangereux; mais c'eft lorfque la tête qui les a fu rédiger, n'eft pas fecondée par des mains vigoureufes qui fachent les faire exécuter; c'eft lorfqu'une molleffe timide ou criminelle tolere la fraude au lieu de la punir, & que les chefs des prévaricateurs fe trouvent chargés de pourfuivre la prévarication. Alors, certainement, tout tournera contre le peuple. La cherté, fans contredit, fera nourrie par la loi, & le remede deviendra un poifon. Mais ce n'eft pas fur l'abus que je fpécule dans la théorie, & il eft toujours aifé de le prévenir dans la pratique.

La police Turque auroit bientôt

déconcerté la cupidité Européenne.
Une potence dans chaque marché ,
avec un feul exemple, mettroit promptement en fuite le monopole & fes
adhérents.

Ne croyez pas que je me fois contredit, quand , dans un endroit de cet
ouvrage , j'ai montré combien les enlevements forcés profitoient peu au
peuple, pour qui cependant ils étoient
faits, & que , dans un autre, j'ai prouvé
qu'il y avoit des cas où ils étoient falu-
taires.

Ils ne le font pas , parce que bien
rarement ils ont l'objet qu'ils devroient
avoir ; parce que , plus rarement encore , ils font exécutés avec l'efprit
qui devroit en être le mobile ; mais ils
le feront au moment où une rigueur
inflexible en maîtrifera les inftruments,
& où le fupplice , toujours préfent
aux yeux des agents fecondaires , inf-
pirera de l'effroi, même à leurs chefs.

En général les loix font le frein des
paſſions, ou doivent l'être ; mais ce
frein ne ſera reſpecté qu'autant qu'un
châtiment infaillible ſera la ſuite de
l'excès qui oſeroit le mépriſer.

CHAPITRE XVII.

*Que pour qu'un empire soit dans le meil-
leur état possible, il faut que les subsistances y soient à bas prix, & que ce
prix y soit invariable. Raison qui rend
cette politique sur-tout nécessaire aujourd'hui en Europe.*

LA conséquence de tout ce qui précede est bien facile à tirer, si la cherté
des grains est nuisible & préjudiciable
en tout sens, si une administration
fondée sur ce principe est essentiellement funeste & tyrannique, il s'ensuit que le seul moyen de la rendre
douce & bienfaisante, c'est de la diriger d'après le principe contraire. Il
s'ensuit que le bas prix des subsistances de premiere nécessité est non-seu-

lement l'opération la plus avantageuse en politique, mais aussi la plus indispensable ; elle l'a été dans tous les temps.

Les Romains avoient senti cette grande vérité , au point qu'ils avoient rendu les subsistances presque gratuites pour le peuple ; une grande portion des revenus publics s'épuisoient précisément à le nourrir aux frais de l'état. Mais ce peuple étoit dans une autre position que le nôtre ; il étoit souverain de l'empire ; les distributions de bled qu'on lui faisoit , étoient le tribut que lui payoient ses sujets.

Il est assez naturel qu'un roi vive sans rien faire ; & la canaille de Rome ayant joui long-temps des prérogatives de la royauté , y conservant toujours quelques droits , ou du moins l'apparence de ces droits , même sous les empereurs , il étoit dans l'ordre qu'elle vécût aux dépens des provinces autrefois affujetties par elle.

Les chofes font chez nous dans une autre pofition : auffi je ne prétends pas que l'oifiveté de la claffe inférieure de la fociété doive être entretenue par des largeffes qui la difpenfent du travail. Je dis feulement que le prix de la fubfiftance, qui lui fournit les forces néceffaires pour continuer fon travail, doit être bas & invariable. Bien loin que l'attention de l'autorité doive être de le hauffer, elle ne doit au contraire s'appliquer qu'à le reftreindre.

J'ai déjà montré plufieurs des raifons d'où dérive cette obligation ; en voici une effentielle & tranchante dont j'ai déjà dit quelque chofe ci deffus ; elle eft tirée du changement arrivé dans nos mœurs & dans notre conftitution par l'extinction de la fervitude perfonnelle.

Chez les anciens peuples qui avoient

des efclaves, comme je l'ai déjà obfervé , les variations dans le prix des
nourritures, je dirois prefque des four-
rages humains , ne tomboient que fur
les gens en état de les fupporter. Par
cela même elles étoient beaucoup plus
rares , & toujours moins funeftes ;
l'efcave étoit fûr de fa fubfiftance,
quoi qu'il arrivât. Son maître , moins
preffé de la rétribution journaliere ,
l'occupoit chez lui , quand il ne trouvoit pas à le louer dehors. Il faifoit
par ce moyen la loi aux propriétaires
des denrées néceffaires à la vie , qui ,
ayant befoin de bras , étoient forcés ,
ou de les payer plus cher quand ils les
appeloient , ou de vendre leurs productions à un prix plus modique, afin
de ne pas refter eux - mêmes fans
fecours.

De là naiffoit la jufte proportion
entre le travail & fa récompenfe.

Quand des conjonctures fâcheufes

renverſoient cet équilibre , & portoient à un excès paſſager, mais inévitable , le prix de la denrée , le maître
de l'eſclavage ſouffroit, l'eſclave auſſi,
ſi vous le voulez ; le ratelier étoit un
peu moins garni ; le picotin ne ſe donnoit qu'à meſure raze , au lieu d'être
comble. Mais enfin il y avoit du foin
& de l'avoine à quelque prix que ce
fût , & l'agent eſſentiel des travaux
n'étoit point conſumé par la faim , en
diſputant aux bêtes fauves les racines
fauvages dont elles ſont forcées de ſe
nourrir , en échange du bonheur qu'elles ont d'être libres.

Il en eſt de même encore chez les
nations qui ont eu la ſageſſe de conſerver la même police ; mais nous ,
chez qui une politique très - fine, un
ſyſtème d'ambition & de deſpotiſme
très - adroit a fait conſacrer un affran-
chiſſement univerſel (a) , il nous faut

_____

(a) Voyez la *Théorie des Loix.*

un autre régime & d'autres principes.

La plus nombreuse portion de la
société s'est trouvée, de ce moment,
non pas rendue à elle - même, mais
livrée essentiellement à la misere, au
besoin dévorant, à la nécessité du travail le plus dur & le moins interrompu.
L'indépendance de nos manouvriers
n'a été qu'un surcroît de charges. Leur
prétendue liberté les a soumis aux
impôts, aux corvées personnelles, aux
vexations de toute espece, déguisées
sous tous les noms possibles. La su-
perstition, l'industrie, la crainte, se
sont établi sur eux des revenus qui
absorbent la plus grande partie du salaire infiniment modique, auquel ils
ont droit de prétendre. Ils se sont
trouvés chargés seuls de leur entretien,
de celui de leurs femmes & de leurs
enfants, de leur nourriture, des frais
de leurs maladies, du paiement des
taxes publiques.

Pour subvenir à tant de dépenses,
ils n'ont eu d'autres ressources que la
solde journaliere de leur travail ; solde
amoindrie encore par des jours de
fêtes sans nombre, par des non-valeurs
réitérées, par les variations des saisons, par les révolutions du luxe, par
tous les incidents qui troublent & dé-
rangent la société. Dès-lors leur existence n'a plus été que précaire.

Les esclaves avoient du moins celle
d'esclave ; c'étoit une classe un peu au-
dessous de l'homme. Mais enfin elle
étoit cela. Les manouvriers ne font
rien, rien absolument. Loin d'être sûrs
aujourd'hui de leur pain de demain,
presque toujours ils ont mangé hier
celui d'aujourd'hui ; ils passent leurs
jours dans cette incertitude affreuse,
dans cette vie imaginaire, pour ainsi
dire, & toujours dépendante du hasard, du caprice d'autrui ; mais enfin,

nés dans cet état, ils le supportent ;
tandis qu'ils ne le voient point changer
en un encore pire. Leur félicité consiste dans un moindre malheur.

Mais si vous venez tout d'un coup
détruire la proportion qui ne leur as-
suroit qu'une longue infortune, & ne
leur présenter que la perspective ef-
frayante de mourir de faim, effet infaillible d'un haussement subit dans le
prix des denrées, alors le découragement s'empare d'eux avec raison. Ils
ne voient plus de ressource que le désespoir ou l'expatriation, & la misere
ne les laisse pas long-temps balan-
cer ; il faut qu'en très-peu de temps
ils se révoltent, qu'ils meurent, ou
qu'ils fuient.

C'est ce qu'une expérience cruelle n'a
que trop démontré. Les émotions arrivées en tant d'endroits n'ont pas eu
de suite, mais la perte des hommes

n'en a pas été moindre Le gouvernement s'est trop aveuglé, qu'il me soit
permis de le dire, sur le nombre des
émigrations qui ont porté la population au dehors, & sur celui des vuides
que la faim & les maladies ont causés
dans l'intérieur.

La foiblesse qui doit en résulter n'est
peut être pas encore bien sensible ;
mais c'est la génération prochaine ,
qui en sera surprise & accablée. C'est
quand les hommes qui vivent aujour-
d'hui seront éteints, que l'on s'apper-
cevra qu'ils ne sont point remplacés.
C'est alors que l'on redemandera
compte aux principes des *économistes*,
des millions de familles qu'ils ont af-
fassinées. Les ombres de tant de malheureux immolés à leurs illusions, s'é-
leveront du sein de la terre qui les
renferme. pour avertir la postérité de
s'en défier. Peut - être aura-t-elle la

fageffe de profcrire d'une voix unanî-
me ce fyftême meurtrier. Peut-être
confacrera t elle à jamais la maxime
oppofée, que les fubfiftances doivent
être à bas prix.

CHAPITRE XVIII.

*Ce que c'est que le bas prix des grains ,
qu'il ne nuit à rien & est favorable à
tout.*

ON dira que ce mot est vague, que
le prix n'est bas & haut que rélative-
ment. J'en conviens. Dans cette matiere, chaque peuple doit avoir son
thermometre particulier, comme il a
ses loix & ses usages. C'est précisément le point sur lequel les *économistes* se font le plus terriblement mépris.

Ils ont vu les *Anglois* & les *Hollandois* prospérer avec un régime , & ils
en ont conclu que c'étoit celui qu'il
falloit adopter pour nous. La conséquence directement contraire auroit
été beaucoup plus sage : la politique

utile à Londres & à Amsterdam, n'eft pas plus faite pour nous que le ponche & l'habitude de mâcher du tabac.

En général le prix du bled eft bas, & par conféquent au taux où il doit être, quand, fuivant la proportion établie entre celui de toutes les autres denrées, le manouvrier peut fuffire avec fa paye journaliere à vivre avec fa famille, fans que le cultivateur, des mains de qui le bled fort, rifque de ne pas retirer fes avances, & un profit honnête.

Ce taux en France étoit, avant la fatale époque de 1764, quand le bled valoit de 12 à 18 liv. le feptier de Paris. Elle donnoit le pain à 1 fol, à 6 liards la livre. D'après les proportions relatives établies entre tous les objets de confommation, le manouvrier pouvoit vivre par tout, comme il vit, bien entendu, c'eft-à-dire, un peu plus mal que les chevaux, parce que ces animaux

animaux ne paient ni leur bourrelier ,
ni leur maréchal , & que ce n'eſt pas
ſur leur ration qu'on prend de quoi
raccommoder le chariot auquel on
les attache.

On me dira que ce prix eſt la ruine
du laboureur : on me citera le tableau
des dégradations , & la philoſophie
rurale , &c. C'eſt le refrein éternel des
partiſans de la liberté. Sans m'arrêter
à débattre tous les états menteurs
qu'ils ont produits, en voici un, fidele,
certain, pris dans une province qui
n'a ni l'abondance en partage , ni la
ſtérilité à craindre. Je le tiens d'un
gentilhomme , qui, depuis vingt ans ,
exploite ſes terres par lui - même.
Voici ce que rend , ſur le pied de 15 l.
le ſeptier de Paris, un arpent de terre
à la ſolle en Artois , année commune,
& ce que la culture en peut coûter.

	Dépenses au plus haut.	Produit moyen.
Froment	Labour à prix d'argent. 24 l. Loyer. 24 Semence. 7 10 Impôts. L'état ne porte que 8 l. Nous en suppo-serons le double pour les pays d'é-lection. 16	200 gerbes produisant six septiers de Paris à 15 l 90 l. Pailles à 12 l. le cent. 24
	71 10	114
Mars.	Moitié. 35 15	moitié 57

La dîme & les moissonneurs , qui se paient en nature & qui font toutes les corvées, emportent 17 du cent. C'est-à-peu-près 23 livres à ajouter aux frais.   . 23

130   5   17?

Ainsi, tandis que la dépense ne peut jamais excéder 130 liv., le produit ne peut gueres être au-dessous de 171 liv. pour un homme qui feroit labourer à prix d'argent, qui n'auroit aucune espece d'embarras, qui se borneroit à faire semer & recueillir sous ses yeux, qui vendroit tout ce que la terre produit. Le bénéfice seroit, par arpent, de plus de 40 liv.

Il est vrai que je ne préleve ici rien pour l'engrais des terres, & que le fermier emploie à cet article une partie de ses pailles. Mais aussi les chevaux qui les consomment, labourent, & lui épargent les 36 liv. que j'ai comptées pour cet objet. Ainsi le calcul est toujours juste.

D'ailleurs la menue industrie de la basse-cour, du nourrissage des bestiaux fait un article très-considérable dans une f███. C'étoit un proverbe connu & confirmé par l'aveu des fermiers

K ij

honnêtes & intelligents, que la baffe-
cour payoit le maître. Le refte du
produit de la terre, les dépenfes pré-
levées, étoient donc un gain pur pour
le cultivateur. Il n'étoit pas rare en
effet d'en voir qui s'enrichiffoient,
même fous l'anathême fi abhorré des
prohibitions.

Le bas prix ne leur eft donc pas
nuifible : ils peuvent donc, avec le bas
prix, retirer 30 pour 100 de leurs avances. Quel eft le commerce qui ren-
droit un auffi prodigieux intérêt ?

On me dira : mais fi une récolte
extraordinaire faifoit tomber le bled
au-deffous de 12 livres, ils rifquoient
d'y perdre. Non encore. 1°. Il y avoit
la reffource de l'exportation ; c'eft
alors qu'elle étoit fage, motivée, utile.

2°. La nourriture des beftiaux en
devenoit plus étendue. C'eft alors
que les efpeces fe régénéroient, pour
aînfi dire. Le laboureur s'y appliquoit

davantage. L'abondance dont il se
voyoit entouré , le rendoit plus prodigue envers les animaux qui rem-
plissoient ses étables & redoubloient,
par la multiplication des fumiers , une
fécondité dont ils profitoient (1).

Avec une nourriture plus substan-
tielle , ils peuploient davantage ; ils
avoient plus de force & plus de
masse ; ils offroient à l'état une ressource de plus contre la disette. Ils
assuroient bien mieux l'équilibre dans
le prix des grains , d'une province à
l'autre , que cette liberté cruelle qui
le détruit sans ressource. C'étoient ,

---

(1) C'est une observation importante. La
cherté du bled a fait abandonner la nourriture
des bestiaux , & par conséquent diminuer les
fumiers, d'où suivra nécessairement la diminution des récoltes. C'est ainsi que ce malheureux système est funeste dans toutes ses parties,
& qu'il dessèche dans toutes ses racines l'abondance que ses inventeurs veulent , disent-ils ,
faire renaître.

K iij

pour ainſi dire, autant de greniers vivants, qui alloient chercher la con-
ſommation & le conſommateur. C'eſt
alors que la route étoit vraiment la
même pour monter & pour deſ-
cendre.

Si le bas prix étoit loin de ruiner
l'exploitation, & de décourager les
hommes utiles qui en faiſoient leur
métier, il favoriſoit d'un autre côté
les manufactures; il aidoit le développement de l'induſtrie. Il aſſuroit la
ſupériorité en ce genre au peuple qui
avoit le bonheur de le poſſéder. Pouvant épargner beaucoup ſur la main-
d'œuvre, cette nation aſſuroit d'autant par là le débit de ſes matieres
premieres, & leur reproduction.

CHAPITRE XIX.

Réfutation d'une singuliere méprise sur le sens du mot richesse *& sur la nature des objets auxquels il faut l'appliquer.*

C'Est ici le lieu de combattre une des erreurs fondamentales des économistes, de réfuter toutes ces déclamations hérissées de calculs, de supputations & d'injures qu'ils ont tant multipliées sur le mot de *richesses.* Les disputes à ce sujet ne sont venues, comme presque toutes les disputes, que d'une équivoque. Elles sont fondées sur une subtilité.

Tout vient de la terre, ont-ils dit: l'industrie n'est rien : l'industrie est subordonnée à la culture. Le prix des étoffes manufacturées n'est que l'é-

K iv

quivalent du grain confommé par les
manufacturiers : donc ces étoffes ne
font pas de vraies richeffes ; donc il
n'y a que ce grain, qu'elles repré-
fentent, qui mérite ce nom ; donc
il n'y a que le peuple qui en difpofe,
qui puiffe être vraiment opulent ;
donc il n'y a que les terres qui foient
un vrai tréfor ; donc il n'y a que l'art
qui les féconde, qui mérite d'être en-
couragé par un gouvernement éclairé.

On leur a répondu par l'exemple
de Geneve & de la Hollande ; on leur
a dit : voilà des peuples qui n'ont
point de terres, & qui cependant
font riches. Voilà une nation qui ne
recueille pas de grains, & cependant
elle eft opulente : donc on peut être
riche fans terres & fans grains.

Qu'ont-ils repliqué ? *Qu'à Geneve
& à Amfterdam on mangeoit du pain,
que ce pain étoit venu quelque part, &
que quand on parloit du pain de Ge-*

neve , *on parloit de celui de* Paris.
Ce n'eſt pas là comme il faut rai-
ſonner, ce ſemble , quand on veut
perſuader.

Tout vient de la terre , ſans contredit. Le plus beau diamant en eſt
ſorti, comme le plus chétif épi de
millet. Dans ce ſens, l'axiome que
vous ſoutenez eſt juſte & inconteſta-
ble ; mais ſuit il de-là que le diamant
appauvriſſe celui qui le poſſede , que
le maître des mines de Golconde ou
des plaines du Bréſil , où ſe trouvent
ces cailloux précieux , ne doive être
regardé dans le monde que comme
un malheureux mendiant , bien inférieur à un valet de charrue de Mondreville ? C'eſt ce que je ne penſe pas
tout-à fait.

S'il n'y avoit qu'un ſeul homme ſur
ce globe , ſa richeſſe ſans difficulté
feroit d'avoir beaucoup de pommes ,
de marons , de noix , de grains de

toute espece, d'en accumuler le plus
qu'il pourroit : c'est celle des singes,
des écureuils, des hérissons, & dit-
on, des fourmis. Un rubis oriental
ne vaudroit pas pour lui une châtai-
gne du Limousin.

Mais placez trois hommes sur ce
terrain désert, donnez leur à chacun
des propriétés particulieres, avec des
goûts différents des objets de ces propriétés. Que l'un ait la mine de pierres étincelantes ; l'autre, le verger
aux fruits à coquilles ; & le troi-
sieme, les champs couverts de riz ou
de maïs ; tant que le premier n'aura
point de rapport avec ses voisins, il
ne sera pas plus riche qu'eux, &
même il le sera moins, puisqu'ils vi-
vront avec leurs fruits & qu'il mourra
de faim avec ses bijoux. Mais que
les possesseurs des noisettes & du pi-
lau soient curieux de faire des pré-
sents à leurs femmes, ou assez éblouis

de l'éclat des cailloux, pour y fup-
pofer quelque vertu divine & cachée;
que le defir de s'en procurer devienne
affez vif chez eux, pour leur perfua-
der que ce genre de productions eft
préférable à celles dont ils ont la
jouiffance ; il eft clair que, de ce
moment, voilà le caillou qui devient
richeffes.

Le propriétaire en étoit embarraffé
auparavant, il va s'appercevoir qu'il
a dans les mains un tréfor. Bientôt
il aura plus de cocos & de manioc
que fes deux voifins. Pour peu que fa
mine foit inépuifable, & leurs femmes preffantes, ou leur fuperftition
durable, ils ne travailleront plus que
pour fe procurer de quoi lui payer
fes bagues & fes amulettes.

Voilà exactement l'hiftoire de tous
les peuples : voilà le tableau fidele
de ce qu'on appelle le commerce ;
voilà comment un objet ftérile par

K vj

lui-même , très-impropre à fournir la subsistance , peut cependant deve-nir une véritable richesse , & nourrir ceux qui en ont la possession.

Il en est des nations , entre elles , précisément comme de chaque indi-vidu pris à part, & mis en relation les uns avec les autres pour des échan-ges. Il y en a qui ne font rien , mais qui ont des fermes , des métairies , des champs , où l'on travaille pour eux ; dira-t-on qu'ils ne font pas ri-ches , parce qu'ils ne vont pas eux-mêmes labourer la terre ?

Il y a des nations , uniquement ap-pliquées à l'industrie , & qui ne fon-gent à se procurer le nécessaire que par la vente des objets de luxe ; direz-vous qu'elles font dans l'indigence , parce que c'est hors de chez elles que se provigne le vin qu'elles boi-vent , & le grain dont elles vivent ?

M. l'abbé *** a une belle croix d'or. Il

eſt prévôt mitré : il prêche, en France, l'égalité , la liberté , l'ordre eſſentiel, naturel & incréé. Cela n'enrichit pas autrement : mais il a en Pologne 500 payſans ſerfs , dont il prend la laine ſans ſcrupule, & dont il boit le ſang, en vertu d'un ordre très-peu naturel, & très - nouvellement créé. Il s'en fait à Paris 15000 liv. de rente. M. l'abbé *** ne ſeme point, il ne laboure point, & cependant il moiſſonne. N'y a-t-il pas des abbés *** parmi les peuples ?

Ceux à qui une induſtrie plus active a fait faire, dans les arts, des découvertes dont le reſte des hommes s'empreſſe de partager les fruits, ou qu'un climat plus heureux a rendus propriétaires d'un genre de tréſor moins ſujet aux accidents , moins pénible à arracher que les grains, ne ſont-ils pas, à l'égard des autres, ce que ſont les bourgeois, les rentiers aiſés dans la ſociété ?

Ce font les marchands, chez qui les gens de la campagne viennent acheter leurs furtouts & leurs chemifes ; ils apportent en échange ou du bled , ou de l'argent avec lequel on a du bled. Donc ces draps & ces chemifes font de véritables richeffes.

Et remarquez que ce marchand détailleur , qui a un bon habit de drap fin , & fa femme qui porte des dentelles , prennent avec le fermier en houzettes & la fermiere en juft de crépon , un ton de fupériorité , juftifié par le rang effectif qu'ils tiennent dans le monde.

Il en eft précifément de même des nations. Celui qui négocie en fuperfluités lucratives , & qui gagne beaucoup d'argent , prend la même confiftance dans l'ordre de la politique. La Pologne n'a que des bleds. C'eft un très-grand état, & il ne jouit pas à beaucoup près d'autant de confidération perfonnelle que Venife en avoit autrefois, dans le temps de fa fplendeur traficante, que la Hollande en conferve aujourd'hui, & plus encore l'Angleterre, qui doit beaucoup moins fa puiffance, je le répete, à l'agriculture qu'au commerce.

Mais les états marchands, difent les économiftes, font dans la dépendance des états agricoles. A la bonne heure, fi les états agricoles n'ont befoin de rien de ce que les états marchands colportent ; à la bonne heure, encore une fois, s'il n'y avoit fur la terre qu'un royaume, qu'un pays, qu'un climat, qu'un genre de production ; mais dès que l'on veut, en France, prendre du chocolat dans de la porcelaine, dès que l'on veut moucher de vilain tabac de Virginie dans de beaux mouchoirs de Mafuli-

patan, & que, pour fe procurer ces
fuperfluités, devenues néceffaires, on
eft prêt à donner du bled, du vin,
&c.; il eft clair que ceux qui vont
chercher les mouchoirs & la porcelaine, manqueront encore moins de
bled, que ceux qui le font croître.

Il y a peut-être un point précis dans
l'économie politique, paffé lequel il
vaut beaucoup mieux, pour une nation, fe livrer au commerce qu'à la
culture de fon fol. C'eft celui où
d'autres peuples, plus favorifés de la
nature, ou plus induftrieux en ce
dernier genre, feroient parvenus à
exploiter leurs terres avec fi peu de
frais, qu'ils puffent fournir du bled à
la nation dont je parle, à un plus
bas prix que ne lui reviendroit celui
qu'elle tire de fes propres champs.

Si, par exemple, il étoit vrai,
comme le dit M. le prévôt de Vid-
niski, qu'on pût aujourd'hui avoir,

par toute la France, le bled de la Pologne à 12 ou 15 livres le septier de Paris, & que réellement à ce prix la culture n'indemnisât pas chez nous le laboureur de ses avances, il est évident qu'il faudroit, ou fermer soigneusement nos ports à l'importation, pour conserver au bled, dans l'intérieur du royaume, une valeur suffisante, ou quitter le métier de cultivateur, devenu trop commun ; comme un mercier qui a tenu de petits peignes & de petits couteaux, s'adonne aux savonnettes & aux parasols, quand il voit trop de ses confreres se livrer au premier genre.

La politique du grand Colbert, que l'on a tant blâmée de nos jours, pourroit donc avoir été fort sage & fondée sur un calcul très-fin. Son système pourroit, à bien des égards, être le véritable, le plus conforme à nos intérêts, du moins dans la situation ac-

tuelle des chofes, dans l'état où fe
trouvent aujourd'hui tous les peuples
de l'Europe les uns envers les autres.

Il eſt donc évident que l'induſtrie
eſt *richeſſe* : fes fruits font des fruits
très réels. Ils ont, comme la manne
du défert, la propriété de prendre,
non pas tous les goûts que le poffeffeur defire, mais, ce qui vaut encore mieux, toutes les formes qu'il
fouhaite. Ils deviennent or d'abord,
& enfuite pain, vin, eau-de-vie, filles,
muſique, enfin tout ce qui flatte les
fens & fatisfait les befoins. Ils augmentent très-folidement le tréfor fon-
cier d'une nation, & la maffe de fa
véritable opulence.

Qu'un horloger vende 500 livres à
un Allemand, une pendule qui ne lui
coûte que 250 liv. d'avances, il eſt
clair qu'il reſte en France 250 livres
qui ont été produites par l'induſtrie :
c'eſt précifément l'équivalent de dix

feptiers de bled à 25 livres, qui y auroient été recueillis fur le terroir. Tant qu'il aura des feptiers à 25 livres, & des peuples plus jaloux de 250 livres en efpeces que de ces mefures pleines de bled, l'horloger aura vraiment fait un marché avantageux, & contribué à augmenter la richeffe effective du royaume. Cela eft palpable, & fi palpable, que je rougirois de paffer plus de temps à le démontrer.

CHAPITRE XX.

Des mercenaires. Cruelle méprise des économistes à leur égard.

Dès-lors, que deviennent tous les sophismes économiques? Ils portent tous sur cette base : tous dérivent de ce principe, que les productions directes de la terre sont la seule vraie richesse, la seule qu'il faille travailler à augmenter. C'est de-là qu'ils ont conclu qu'on ne pouvoit trop en hausser la valeur vénale, parce que c'étoit multiplier les richesses ; que tout devoit être sacrifié à la classe des cultivateurs, puisque c'étoient les nourriciers de l'opulence publique. C'est de-là qu'ils ont conclu que le soutien des manufactures étoit très-indifférent à l'état.

C'eſt de-là qu'eſt parti M. l'abbé Roubaud, pour s'écrier à la page 368 de ſes repréſentations : « Voudroit-on » déterminer le taux des productions » par le taux des ſalaires ? Ce ſeroit » régler la cauſe par l'effet. Les ſalai- » res découlent des productions, & » non les productions des ſalaires. La » recette du mercenaire ne peut ja- » mais être qu'en raiſon de la dépenſe » des propriétaires, ou des cultiva- » teurs qui l'emploient ; & la dépenſe » de ceux-ci ne peut être qu'en rai- » ſon de la culture provenant du prix » de la denrée. La denrée a par elle- » même un prix néceſſaire, indépen- » dant des beſoins du conſommateur, » & correſpondant aux avances que » la culture exige, & au profit que » le cultivateur a droit de retirer de » ſon travail. La main-d'œuvre, au » contraire, n'a qu'un prix ſubor- » donné & relatif au prix déjà décidé

» de la denrée elle-même : car ce que
» le mercénaire doit gagner, c'est sa
» vie, c'est-à-dire une rétribution
» proportionnée au prix des subsistan-
» ces. Il est impossible de trouver une
» autre mesure. Il faut donc que le
» prix des subsistances existe avant le
» prix de la rétribution, parce qu'il
» faut que la mesure précede le me-
» surage, ».

Quel étrange raisonnement ! Le
boisseau auroit donc aussi existé avant
le bled, l'aune avant la toile, la pinte
avant les liqueurs ; car il faut que *la
mesure précede le mesurage*. Eh ! ne
voyez-vous pas qu'avant que de faire
l'opération qui porte ce nom, avant
que de limiter l'étendue d'une grandeur quelconque, il faut que cette
grandeur existe. Certainement le travail du manœuvre est antérieur à la
denrée dont il favorise la végétation.
Il n'a pu & dû s'y engager que sous

la condition que fon paiement lui pro-
cureroit fa fubfiftance.

Si , par une confufion abfolue des
principes , par un renverfement abufif
de l'ordre naturel & des principes de
la raifon , il fe trouve réduit à baiffer
le prix de fon travail , tandis que celui
des fubfiftances hauffe ; s'il arrive que
la valeur du grain augmente , tandis
que celle des fatigues qui le font
croître diminue , c'eft un mal & un
très-grand mal , c'eft une effroyable
injuftice.

C'eft précifément parce que le mercenaire doit gagner fa vie , qu'il eft
d'une iniquité révoltante de vouloir
qu'il dépende d'une eftimation arbitraire que l'avarice mettra , entre la
denrée qu'elle lui vend & les foins
laborieux qu'il lui prodigue. Si elle
veut doubler le prix de la denrée , il
faut donc avant tout qu'elle double
auffi la rétribution des coopérateurs

qui forcent la terre à la reproduire.
Dans cette variation, il faut abfolument qu'une des deux parties faffe
l'avance : à qui doit-elle être impofée,
de celui qui a tout, ou de celui qui
n'a rien?

Mais *la recette du mercenaire ne peut
jamais être qu'en raifon de la dépenfe
des propriétaires ou des cultivateurs qui
l'emploient, & la dépenfe de ceux-ci ne
peut être qu'en raifon de la culture provenant du prix de la denrée :* voilà précifément le principe fatal qui vous
égare & qui nous a perdus. Vous
n'avez vu que ces impitoyables cultivateurs, & la néceffité d'affurer leur
fortune. Vous avez regardé leur opulence comme la fource de la vie du
mercenaire : & point du tout, c'eft la
vie du mercénaire qui doit faire leur
opulence, en fuppofant qu'il faille en
effet qu'ils foient riches.

Vous avez raifonné précifément
comme

comme un homme qui voudroit qu'une riviere entretînt tous les ruiffeaux dont elle eft formée, au lieu que ce font les ruiffeaux qui entretiennent la riviere. Si l'on vouloit faire gonfler celle-ci fans employer les éclufes, y auroit-il d'autre moyen que d'augmenter la quantité d'eau dans les autres ?

D'ailleurs vous fuppofez ici que le mercenaire ne peut vivre qu'avec le cultivateur, & c'eft toujours votre cruelle & pernicieufe méprife ; mais il vit avec le bourgeois qui n'eft point cultivateur, avec le marchand qui n'eft point cultivateur, avec le rentier qui n'eft point cultivateur, qui ont tous un genre de richeffes indépendant de la terre, qui ne gagnent rien, ou plutôt qui perdent beaucoup à l'augmentation du prix de la denrée. Ne pouvant empêcher cette augmentation, parce que la denrée n'eft pas dans leurs mains, ils s'oppofent à celle da

prix des journées , qui dépend d'eux.
Le manouvrier reste suspendu entre le
cultivateur qui double son gain , & le
reste des aisés qui s'obstine à laisser les
salaires sur l'ancien pied : il périt nécessairement avant que la balance qui
vous paroît infaillible soit établie.

Vous dites, à votre page 369, *que le
haussement des subsistances produit nécessairement un surcroît de salaires?* J'ai fait
voir que rien n'étoit plus faux. Si cette
proportion se réalise enfin imperceptiblement, elle ne sera parfaite qu'après
une longue révolution d'années , après
que des millions de familles auront
été victimes de la lenteur avec laquelle
elle se sera opérée. Il faut donc , ou
ne point faire varier le prix , tant des
grains que de la main-d'œuvre , ou
faire précéder l'augmentation du prix
de la vente , par celle de la rétribution
qui seule facilite l'achat. Mais il vaut
mieux ne toucher à rien , & s'opposer

même, tant qu'on le peut, à toute espece de novation dans ce genre.

C'est du principe que tout vient de la terre, qu'est né le dédain qu'ont montré, pour les artisans, toutes les compagnies protectrices de la liberté & du système qui la prêche. C'est sur cette idée qu'elles se sont appuyées, pour dire en propres termes au gouvernement, *que ce ne seroit pas un mal, quand la cherté du grain réduiroit le nombre des artisans qui peuplent les villes.* Cependant, quand ces ouvriers seroient des hommes à charge, ce sont des hommes : il ne faut pas les tuer, & c'est ce que fait la cherté. Elle empêchera bien qu'il n'en vienne de nouveaux, mais elle ne chassera pas les anciens dans les villages : ils mourront à l'hôpital ; ensuite la suppression des ouvriers artistes n'a jamais repeuplé un royaume. L'Espagne a perdu toutes ses manufactures, & elle s'eſt dépeuplée. L'Aſie n'en a point, & on dit qu'elle s'eſt dépeuplée.

Toutes ces conféquences & bien d'autres ſe ſentent de la fauſſeté de la Théorie qui les produit, elles ſont devenues infiniment funeſtes, par la confiance qu'elles ont malheureuſement inſpirée à l'adminiſtration, par les mépriſes terribles dans leſquelles elles l'ont engagée.

CHAPITRE XXI.

Que la petite culture est préférable à la grande : qu'il n'y a rien de plus rui-neux pour l'état & la population, que la réunion de plusieurs métairies en une seule ferme.

VOILA bien des erreurs sur le débit du grain. Les économistes ont-ils plus consulté la raison & la vérité quand ils ont parlé des moyens de le multiplier ? En se méprenant à chaque mot sur la vente, ont-ils parlé plus sage-ment de la culture ? C'est ce qu'il faut voir.

De temps presque immémorial, dans les climats les plus heureux de la France, dans les provinces du midi & dans celles qui les avoisinent, on a

confervé quelque chofe de la maniere
dont étoient adminiftrées les propriétés
dans les fiecles fortunés, antérieurs à
l'introduction de la domefticité. On y
connoît peu cette régie deftructive des
grandes fermes, imaginée par le luxe,
& accueillie par la paffion aveugle
d'anticiper les jouiffances.

Les terres y font cultivées par des
efpeces d'efclaves volontaires , qui
exploitent pour le compte du maître
& qui fe paient de leurs travaux fur le
rapport même de la culture. Le propriétaire fournit toutes les avances : ils
tiennent compte de tout le produit,
dont une part convenue leur appartient : ainfi leur folde fe proportionne
à leur induftrie, ou à la fécondité de
la terre. Ils n'ont jamais à fe plaindre
du maître ; c'eft de leurs bras & de la
providence, que leur fort dépend.

Ils n'ont à redouter ni la variété

de la valeur des denrées, ni l'intem-
périe des faisons. Si la récolte eft foible, le grain eft plus cher : fi elle eft
abondante, il eft à meilleur marché ;
mais ils en ramaffent davantage. Leur
fituation eft à-peu-près toujours la
même. Elle eft en général auffi bonne
qu'elle le peut être. Si les impôts, les
corvées, & une foule d'autres fléaux
très-indépendants de cette maniere de
vivifier les campagnes, ne venoient les
accabler, je crois qu'il n'y a point de
payfan en Europe qui ne dût envier
leur fort.

Les maîtres & l'état y gagnent autant qu'eux. Tous les domaines ainfi
morcellés font infiniment mieux entre-
tenus. De petites métairies font cultivées avec plus de foins. La terre y
eft moins fatiguée ; elle occupe plus
d'hommes ; le propriétaire payé en
nature, ne craint point de banque-
routes & de non-valeurs. Son gage

L iv

eſt toujours ſous ſes yeux & ſous ſa
main : s'il eſt trompé , il ne peut en
accuſer que ſon mauvais choix ; mais
quand il a un bon métayer , il voit
croître ſes moiſſons & ſa fortune ,
ſans autre ſoin que de les recueillir ,
ſans autre embarras que d'en diſpoſer.

D'un autre côté , le nombre des
mains que ce genre de culture exige ,
eſt un encouragement pour la population ; les ouvriers ſe multiplient ,
parce qu'ils trouvent plus ſûrement
de l'ouvrage. Les pays qu'ils fertili-
ſent ſont inépuiſables en hommes &
en argent.

C'eſt cependant cette eſpece d'adminiſtration à laquelle dans ces derniers temps pluſieurs écrivains ont dé-
claré la guerre ; ils l'ont flétrie , en
lui appropriant le nom de petite culture (a).

_____

(a) Ils ont varié ſur le ſens qu'ils donnoient

Si on les en croit, elle eſt mortelle pour les empires. C'eſt encore une des maximes fondamentales des nouveaux romans agronomiques, & ce n'eſt pas une des moins funeſtes.

Une groſſe entrepriſe de culture, je l'avoue, eſt plus lucrative pour l'entrepreneur; mais elle eſt infiniment préjudiciable à tout le pays où elle s'établit, à l'état, & même au maître qu'elle ſemble d'abord enrichir en portant le bail de ſa ferme à un prix qu'il n'en a pas encore trouvé.

1°. Elle nuit au pays. Elle ruine les journaliers, elle ôte la concurrence. Dix petites métairies ſe diſputoient les ſecours des aides qu'il falloit ſoudoyer. Leur rivalité préſervoit ces malheureux

---

à ce mot : ils déſignoient d'abord la culture faite avec des bœufs : mais depuis ils ne l'ont appliquée qu'à celle qui a des hommes pour inſtruments.

L v

d'un defpotifme auquel le befoin ne
les livroit déjà que trop.

Mais dès qu'elles font confondues
dans une ferme immenfe, le direĉteur
locataire de ce domaine devient l'arbitre du canton : il y donne la loi : il
y diſtribue feul l'ouvrage : il difpofe
donc des prix de la main - d'œuvre ;
& ce n'eſt peut-être pas une des moindres raifons qui ont empêché les falaires d'augmenter dans l'Artois, la
Picardie, & dans toutes les provinces
riches en moiſſons, où les groſſes
fermes font aſſez communes.

Enfuite il occupe bien moins de
monde. Les dix manants, dont il a
pris la place, avoient befoin chacun
d'un valet de charrue : ils payoient
un berger à deux ou à trois; il leur falloit une fervante de baſſe-cour. S'ils
n'avoient pas de domeſtiques, c'eſt
que leurs enfants leur en tenoient lieu.
Ils faifoient vivre quarante perfonnes,

Aujourd'hui que c'eſt un ſeigneur qui leur ſuccede , les objets de travaux réunis exigent moins de mains : trois , quatre charrues exécutent en moins de temps ce que beaucoup de bras ne terminoient qu'à peine en bien des jours. Il faut donc que le manouvrier , dont on n'a plus beſoin , déſerte ou périſſe.

Les dix chaumieres qui logeoient chacun de ces colons ſéparés , avoient des granges , des étables , des dépendances , pauvres ſi l'on veut ; mais enfin il les falloit entretenir ; le maçon , le maréchal , le charpentir , le couvreur en chaume , une multitude d'ouvriers de toute eſpece ſubſiſtoient de ces petits gains réitérés ; ils conſommoient , ils aidoient à la circulation de l'argent , ils accumuloient leur bénéfice , ils achetoient des demi-arpents de terre , ils vivoient avec leurs familles.

Mais depuis que tout s'eſt fondu dans le château couvert en thuiles, bâti en bonnes pierres de taille, où loge un gentilhomme à bail, les réparations deviennent rares, ou ils ne ſont plus bons pour les faire. Ce ſont les artiſtes de la ville qu'on envoie chercher. Ceux du village ſont ruinés; ils combattent contre la miſere, s'ils ont quelque petit bien; qu'ils en aient ou non, ils finiſſent par ſuccomber, ou par aller s'établir ailleurs : & s'ils reſtent, l'influence deſtructive de la groſſe ferme les ruine doublement.

Les petits propriétaires n'ont point de chevaux : ils faiſoient labourer leurs petits champs à prix d'argent par les petits fermiers, pour qui ce bénéfice étoit une reſſource. L'agriculteur économiſte qui les remplace, dédaigne ce gain ſervile, ou il le refuſe par une politique adroite. Les malheureux voyant leurs domaines menacés de

rester en friches , sont forcés de le
supplier , à genoux , de vouloir bien
s'en charger. Il ne veut les prendre
qu'en les louant, & il ne leur en donne
que le prix qu'il veut : autre maniere
d'accélérer leur perte.

C'est ainsi qu'une grosse entreprise
de culture dévaste en tout sens un
pays entier. C'est la verge d'Aaron
devenue serpent ; elle engloutit toutes
les possessions voisines , sans en devenir elle-même beaucoup plus considérable , ni plus utile à l'état. Il s'en
faut de beaucoup que le gouvernement
gagne à cette magnificence imposante,
qui substitue de vastes bâtiments bien
blanchis , bien décorés , aux taudis
enfumés qui les ont précédés.

D'abord, la ruine du pays est la
sienne : mais ensuite, est-il vrai que
l'opulence du nouveau fermier, de
cet Hercule agriculteur qui entreprend
à lui seul les travaux de dix familles ,

ſoit un bénéfice effectif ? Fait-il croître plus de denrées ? Tire-t-il davantage de la terre ? Non.

Il s'enrichit , il eſt vrai ; mais c'eſt
préciſément par ces épargnes dont je
viens de parler. Il entretient moins
d'hommes , moins de chevaux , moins
d'ouvriers de toute eſpece. Sa récolte
eſt certainement moindre que toutes
les petites récoltes partielles doìt elle
eſt compoſée : mais il ſe l'aſſure avec
moins de frais. Voilà en quoi conſiſte
ſon gain ; & c'eſt , comme on l'a vu
par ce que je viens de dire , une perte
très-réelle pour l'état.

D'un autre côté, il ſemble accroître
la fortune des propriétaires : il ne
marchande point ſur le prix ; il offre
tout d'un coup généreuſement un prix
beaucoup au-deſſus de celui que rendoit le colon , qu'il veut expulſer.
Attendez un peu : voyez quel ſera le
réſultat de ſa manœuvre,

Il est vrai qu'il a augmenté vos revenus. Il a incorporé ensemble plusieurs
petits domaines, dont les réparations vous ruinoient; il vous a procuré
un double bénéfice; il a même poussé
l'intelligence & l'attachement pour
vous, jusqu'à vous engager à détruire
toutes ces masures difformes, ces
terriers obscurs, où se cachoient les
familles laborieuses dont il méditoit
de s'assurer la place.

Vous démolissez, vous vendez les
matériaux. Vous vous applaudissez
d'une opération si bien conduite : &
vous ne voyez pas que c'est une chaîne
de plus dont il vous a chargé.

Ce manége réitéré plusieurs fois
dans le canton, lui compose une im-
mense & lucrative exploitation : mais
aussi bientôt il ne craindra plus la
concurrence. Ces métayers, ces anciens laboureurs chassés, malgré leurs
larmes, de ce terrein qu'ils ont si

long-temps fertilisé, changent d'état.
Ils s'expatrient, ils périssent de misere. Quel est alors le sort du propriétaire, dont la crédulité les a perdus ? Il est à la discrétion de son généreux fermier. Ses bâtiments sont
détruits : les familles capables de donner de l'alarme au tyran agricole, ne
subsistent plus. Il regne avec empire
sur tous les domaines qu'il a envahis.
Le propriétaire, au bout d'un bail ou
tout au plus de deux, est tout éton-
né de s'entendre demander des dimi-
nutions, &, bien plus, de se voir
obligé de les accorder ; sa prospérité
n'a été que passagere. Son revenu
revient quelquefois au-dessous de ce
qu'il étoit avant cette période, & il
a encore la dépendance de plus.

Voilà l'effet infaillible de ces gros
atteliers en agriculture, tant vantés
par les économistes. Quiconque a un
peu parcouru les provinces, & sur-tout

celles où l'exploitation des terres à
bled a prévalu fur toutes les autres ,
doit en avoir vu des exemples. Il n'y
a point de propriétaire un peu inftruit,
un peu attentif, qui ne puiffe aifément
fe convaincre de la vérité de ce que
je dis.

Une grande preuve du danger de
ces réunions indifcretes , c'eft la loi
portée dans les Pays-Bas Autrichiens,
pour les prévenir autant qu'il eft poffible. Dans cette province , les vrais
principes de la culture font bien connus : la profpérité , l'abondance dont
on y jouit en font de fûrs garants. On
vient d'y rendre une ordonnance qui
double les impofitions pour tout fermier dont l'exploitation excede un
certain nombre d'arpents. Cette loi infiniment fage eft fondée fur les con-
fidérations que ie viens d'expofer.

Une autre preuve de la même vérité ,
c'eft ce qui vient de fe paffer en An-

gletere au fujet des manœuvres de ce
genre. Voici ce qu'on lit dans le journal politique , du 10 Mars 1773.

« Depuis quelques années on avoit
» mis en ufage dans le comté de
» Derby & dans plufieurs autres en‐
» droits , un moyen de diminuer la
» taxe que chaque paroiffe eft obligée
» de payer pour l'entretien des pau‐
» vres. On démoliffoit toutes les chau‐
» mieres où ils pouvoient fe retirer ,
» mais on n'avoit pas prévu que c'étoit
» chaffer en même temps les ouvriers
» & journaliers. Cette claffe d'hommes
» étoit devenue fi rare , que les fer‐
» miers ont demandé aux propriétaires
» la permiffion de rebâtir des chau‐
» mieres à leurs propres dépens pour
» les engager à y revenir , à l'exclu‐
» fion abfolue des pauvres des diftriêts
» voifins qui feront renvoyés, fuivant
» une réfolution prife dans les paroiffes
» de ce comté »,

Ces exemples assurément ne font pas favorables aux affertions des écono-mistes ; mais *ils ne reconnoiffent pas l'autorité en cette matiere.*

S'il falloit encore d'autres raifons pour combattre leurs illufions , elles fe préfenteroient en foule. Par exem-ple , quand les campagnes font par-tagées en une multitude de petites métairies , de borderies , comme on dit en Saintonge , &c. il eft difficile que le bled foit cher. Tous les bourgeois ont à-peu-près leurs provifions : le colon peu en état de garder fon grain, ne tarde pas à porter au marché fon fuperflu. Chaque fois qu'il a befoin d'argent , fa reffource eft dans fon grenier. La vente eft donc toujours à-peu-près proportionnée aux achats , & cette circulation précieufe n'eft point fujette aux engorgements.

Mais dès qu'une province eft affer-mée à fept ou huit hommes adroits , entreprenants , qui ont pour croupiers des millionnaires de Paris , ils font les maîtres d'affamer les marchés , en ceffant d'y porter : ils font en état d'attendre l'occafion de vendre cher , & c'eft cette attente qui la fait naître.

CHAPITRE XXII.

Qu'il n'est pas vrai que la culture ne prospere , comme le prétendent les économistes , que quand elle est exercée par des hommes riches.

ILs diront : il faut pourtant bien être riche pour donner à la culture la vigueur qui la rend fructueuse. Or un homme qui a de gros fonds ne les emploiera qu'à une entreprise considérable , & cet homme qui a de gros fonds est un être précieux pour l'état : plus il les augmente , plus il accroît la richesse commune , &c.

Je sais qu'il faut être riche pour exploiter un grand domaine , mais peu d'argent suffit pour un petit. Si j'ai une grosse malle à porter , il me fau-

dra fans doute un fort de la halle ;
mais fi ce qu'elle contient eft divifé
en dix ou douze paquets , autant d'enfants me rendront le même fervice.

D'ailleurs eft-il bien vrai que les
fortunes immenfes réunies fur une
feule tête , foient fi avantageufes au
public ? Faut il croire qu'en effet il
n'y ait que les riches qui doivent être
comptés pour quelque chofe par la
politique ? Ces coloffes d'argent en
tout genre ne font-ils pas des far-
deaux accablants pour un empire , au
lieu d'être les refforts de fa vivifica-
tion ?

Je n'entends les économiftes parler
que d'augmenter les jouiffances , d'accumuler les richeffes : pleins d'une vénération très-peu philofophique pour
quiconque a une groffe bourfe , ils
fe mettent à genoux devant cet être
fortuné ; ils ne fe relevent que pour

prefcrire au refte du monde de fe foumettre à la même humiliation , pour
foutenir que c'eft le feul individu qui
mérite des égards ; bientôt ils lui bâ-
tiffent dans leurs livres , des temples
où ils l'érigeront en divinité , & ne
rougiront pas de lui facrifier le genre
humain rout entier.

Vous direz que je vous calomnie ;
que c'eft au contraire le genre humain
tout entier que vous voulez enrichir ;
que vous prétendez que tout le monde
foit opulent, heureux; que tout le monde jouiffe : & c'eft en effet là le langage
de vos livres. Il feroit très-édifiant ,
s'il ne portoit fur une fuppofition extra-
vagante.

Dites moi , je le répete & on ne
peut pas trop le redire , connoiffez-
vous un moyen de faire des riches ;
fans faire des pauvres en même temps ?
Qu'eft-ce que l'opulence ? N'eft-ce pas

la difproportion qui fe trouve entre
celui qui a beaucoup, & celui qui
n'a rien? Or y a-t-il dans la nature un
fecret pour opérer ce partage en
faveur du premier, fans dépouiller
le fecond? Le tréfor de celui-là ne
fera-t-il pas compofé de tout ce qui
fera retranché fur la propriété de celui-ci?

La providence n'a deftiné la terre
qu'à fournir la fubfiftance au nombre
d'êtres à-peu-près qu'elle y place.
Tant qu'ils poffedent par indivis, il
n'y a ni riches, ni pauvres; c'eft une
communauté de privations, plutôt
qu'une égalité de jouiffances; mais
dès que le travail, l'induftrie, tous
les vices ou toutes les vertus de la
fociété ont introduit l'ufage des lots,
des portes & des ferrures, les richeffes
commencent, les privations fe multiplient, & dans la fuite elles ne peuvent

plus

plus s'accroître qu'en raison inverfe les unes des autres.

Le fuperflu des Midas ne fe forme que du néceffaire de beaucoup d'Irus : un de nos voluptueux Créfus ne peut pas augmenter le nombre de fes maî-treffes que quelque honnête homme ne manque de femmes. Il ne peut pas fe donner dans la capitale un nouveau carroffe , qu'il n'y ait quelque charrue de détruite dans la province.

Tel eft le véritable *ordre naturel & effentiel des fociétés politiques* : ordre qui n'exigeoit pas , pour être établi , un fi gros livre que celui de M. *D. L. R.* Lui & fes affociés foutiennent que le merveilleux fecret de la politique eft de multiplier les jouiffances : fans doute pour ceux qui jouiffent : mais ceux dont les privations deviendront les parties intégrantes de cet amas de

Tome VI.   M

bonheur proftitué à un autre , feront-ils fort heureux ?

Il n'y a ni livres , ni travaux humains , qui foient capables de créer des richeffes , fi ce n'eft la philofophie rurale & fes calculs ; mais ce n'eft point de ces tréfors là qu'il s'agit ici. Ce que nous appellons opulence n'eft dans le fait qu'un déplacement de poffeffions : vous aviez de l'argent : vous le portez à un marchand de draps , beaucoup d'autres font la même chofe, & il fe trouve au bout de 20 ans avoir une fortune , mais ce font vos efpeces qu'il a accumulées. Il n'a rien produit du nouveau , il n'a rien mis dans le monde qui n'y exiftât pas.

La terre même en ce fens ne produit pas de véritables richeffes. Elle ne fait que donner un moyen de faire pencher la balance du côté de la nation qui en tire le plus de productions.

Nos bleds, nos vins, nos eaux-de-vie, passé notre consommation journaliere, ns sont richesses qu'autant qu'il se trouve des peuples qui en sont dépourvus. Ces denrées ont d'autres propriétés qui leur sont personnelles, & qui ne méritent pas davantage ce nom glorieux, tant qu'elles languissent dans leurs mains sans usage : elles l'acquierent dès qu'elles en sortent pour y en faire rentrer d'autres qui essuyoient ailleurs le même dédain, & qui s'ennoblissent par la même révolution.

Cessez donc de nous éblouir de vos théories sans fin, de vos tableaux de dégradations, de restaurations, de vos longs raisonnements sur l'agriculture, sur les jouissances, sur les richesses. Ce qui fait celle d'un peuple, c'est le besoin que les autres ont de ses productions en quelque genre que ce soit.

Si nous ne voulions plus de muscade
& de girofle, les Hollandois dont le
commerce de l'épicerie fait l'opulence,
se trouveroient pauvres avec des ma-
gasins remplis. M. l'abbé Beaudeau
nous a prouvé dans sa lettre apostoli-
que de Grodno, que les Polonois,
avec assez de bled pour nourrir trois
ans toute la France, étoient cependant très-pauvres.

La richesse d'une nation consiste à
avoir beaucoup de productions d'une
nature propre à lui procurer par
échange, ou par une vente directe,
une grosse masse des propriétés des
autres nations. Plus elle en accumule,
plus elle sera opulente ; il en est de
même des particuliers. En deux mots,
la richesse n'est que le superflu qu'un
individu entasse autour de lui ; & ce
superflu, comme je l'ai dit, ne pouvant résulter que de la réunion de
beaucoup de petites parts enlevées

à tous les autres, il eſt clair que le ſecret d'augmenter les richeſſes d'un peuple n'eſt que celui d'augmenter le nombre des malheureux. L'art de multiplier les jouiſſances eſt auſſi celui de néceſſiter les ſacrifices.

CHAPITRE XXIII.

Du fyftême des économiftes en lui-
même, & de la nature des preuves
par lefquelles ils prétendent fe juftifier.

Qui croiroit que les inventeurs du
fyftême que nous venons de réfuter
ont prétendu, & peut - être cru de
bonne foi qu'il avoit l'évidence pour
foutien. C'eft elle qu'ils ont confenti à prendre pour juge. C'eft à
elle qu'ils en ont appellé de toutes
les critiques qu'ils effuyoient. Se re-
gardant comme confacrés à un miniftere fpécial, & à repandre de toutes
leurs forces la propagation des myfteres économiques; c'eft l'évidence qu'ils
ont ofé donner comme la caution
de leur apoftolat.

A les entendre, c'eft elle feule à

qui il faut s'en rapporter. C'est là le pivot universel de la société & le grand mobile du monde. L'évidence a une force à laquelle rien ne résiste. Pour rendre les devoirs sacrés à tous les hommes, pour leur faire sentir la distinction du juste & de l'injuste absolu, il n'est question que de leur tourner les yeux vers l'évidence. L'évidence fait les loix ; elle en rend l'équité sensible : l'évidence montre l'ordre, elle en fait voir l'utilité. Avec l'évidence il n'y a plus besoin sur la terre de législateur, de juges, de soldats, de bourreaux, & ce réformateur irréfragable existe dans leurs livres. Jamais peut-être il n'y a eu d'exemple plus sensible des surprises que l'enthousiasme peut faire éprouver à la raison.

Y a-t-il d'abord une évidence ? existe-t-il, peut-il exister chez des êtres doués du funeste privilege de

M iv

raifonner, une fenfation, une maniere d'être , qui mérite ce nom dans
le fens que vous y attachez ? Pour
que l'évidence devînt la régle commune de toutes les actions des hommes , il faudroit qu'elle fe fît fentir
à tous les hommes fur les mêmes
objets , dans le même temps , & de
la même façon. Si par malheur ce
qui eft évident pour moi ne l'étoit
pas pour mon voifin , pourroit-il
prendre , pour régle de fa conduite,
les raifons qui juftifient la mienne ?

Or, vous devez le favoir mieux
que perfonne, il en eft des efprits
comme des yeux. L'horifon intellec-
tuel de chaque individu varie autant
que l'horifon matériel. Il n'y a dans le
monde peut-être , ni deux vues , ni
deux têtes qui aient la même mefure.

Si pourtant l'évidence eft, je ne
dis pas le feul moyen de conviction ,

mais la feule regle de conduite que vous propofiez aux hommes , mais la feule regle de procéder , comment vous flattez-vous que ce procédé pourra jamais être uniforme & conféquent ? Chacun ne prétendra-t-il pas être en droit d'apprécier , d'après fes propres lumieres , des principes pour lefquels vous ne lui demandez du refpeɛt , qu'autant qu'il en fera convaincu ? De tous ces examens partiels , ne réfultera-t-il pas les plus étranges contradiɛtions , les plus affreufes difputes , le plus épouvantable défordre ?

Je ne veux point faire un parallele odieux ; mais enfin , on peut comparer les chofes , fans prétendre affimiler les hommes qui les ont produites. Que difoient en leur temps Luther & Calvin ? Ils brifoient les liens facrés , dont la tradition & l'ufage avoient chargé les peuples. Ils fe fou-

M v

levoient contre ces entraves antiques, fortifiées par le respect de plusieurs siecles. Ils réclamoient, comme vous, la raison & l'évidence, & l'ordre naturel & essentiel, qui ne permet point même à l'erreur autorisée, de prescrire contre la vérité. Ils annonçoient hautement, comme vous, la liberté la plus entiere dans les opinions, & en cela du moins ils étoient conséquents. Mais qu'en arriva-t-il?

Deux choses: l'une, que faute d'une force coërcitive qui enchaînât les hommes éclairés par eux, & les contraignît de se borner à un seul sens, à une seule explication des mêmes mots. Le principe qui avoit illustré les fondateurs de la secte, devint nuisible à la secte même. Bientôt la réforme fut réformée; Zuingle, Ecolampade, & tant d'autres dédaignerent le chemin récemment tracé, & s'en frayerent un nouveau.

Le second inconvénient fut, que chacun d'eux, après avoir vu que la liberté lui avoit été utile, songea à l'ôter à ses succeffeurs. Après avoir développé des opinions, ils prétendirent avoir droit de prêcher des dogmes ; & s'ils n'avoient point trop violemment abattu l'idole du defpotifme fpirituel, fi dans leur premiere fureur ils ne l'avoient brifée en la précipitant de deffus fes autels, on les auroit bientôt vus en ramaffer les morceaux, les reffouder avec adreffe, en compofer une nouvelle ftatue, qu'ils n'auroient pas tardé à réintégrer dans les fanctuaires, dont ils fe feroient affurés exclufivement la defferte.

Mais pour leur malheur, ils avoient trop éclairé l'autorité laïque. Son premier foin avoit été de nettoyer l'aire des temples de ces débris facrés ; & quand ils les chercherent

pour les réunir, ils ne les trouve-
rent plus.

Cette hiftoire eft, en général, celle
de toutes les fectes & de toutes les
doctrines. Elle prouve combien l'é-
vidence eft infuffifante pour gouverner les hommes, pour tenir lieu de
loix, ou pour en faire accepter. C'eft
une chofe curieufe, que le chapitre de
*l'ordre naturel & effentiel des fociétés
politiques*, où cet objet eft traité. Il
ne faudroit pas d'autre preuve de la
fauffeté du fyftême.

L'auteur paroît voir évidemment
tout ce qu'il dit, & il eft très-évident
qu'il n'y a que lui feul, ou les yeux
modifiés, fafcinés fuivant les regles
de la fcience, qui puiffent le voir.
Ainfi il n'y a pas un mot dans ce
chapitre qui ne pût donner lieu à des
difcuffions, & à des réfutations très-
évidentes.

On n'y fait entrer en confidération, ni les paffions qui influent avec tant de force fur la maniere d'envifager & d'apprécier les chofes, ni les intérêts qui n'alterent, ne maîtrifent pas moins les jugements, ni la différence de l'aptitude à faifir la vérité, ni le défaut des occafions ou des moyens de s'inftruire, qui mettront néceffairement une prodigieufe inégalité dans les idées & dans la façon de voir de ceux qu'il s'agit de convaincre. La plus infuffifante, la plus obfcure des définitions depuis celles d'Ariftote, eft appellée la production d'un génie créateur.

Pour prouver *la force irréfiftible de l'évidence*, *l'empire abfolu* que ce mobile defpotique prend fur nous, on cite le refpect univerfel qu'obtiennent les vérités géométriques; comme s'il y avoit la moindre analogie entre les principes toujours variables, toujours incertains, toujours dépendants

du caprice & du hafard, qui forment
ce qu'on appelle la politique, & ces
axiomes conftants, irréfragables, dé-
montrés par le fait, qui compofent
la fcience du calcul.

Jamais homme n'a eu d'intérêt à
nier que deux fois deux faffent quatre. S'il exiftoit un individu affez ex-
travagant pour en douter, ou d'affez
mauvaife foi pour feindre d'en douter, avec des jetons on confondroit
matériellement fon incrédulité. Mais
en eft-il donc de même des fpéculations métaphyfiques, d'après lefquelles les·hommes gouvernent ou font
gouvernés ? Peut-on en dire autant
de ces théories, ou abftraites, ou
inconféquentes, toujours relatives·à
l'inclination de ceux qui les établif-
fent, toujours approuvées par la portion d'êtres à qui elles font favorables, toujours profcrites par ceux

dont elles reſtreignent les droits ou les prétentions ?

Sans doute, j'entends M. *D. L. R.* & je me ſoumets, quand il me dit que le quarré de trois eſt neuf, & que le cube de ce nombre eſt vingt-ſept : mais quand il vient m'aſſurer qu'il y a un ordre incréé, en vertu duquel une puiſſance qu'il appelle légale, m'ôtera, s'il lui plaît, tout ce que j'ai ; qu'elle ne courra d'autres riſques en me vexant, que de violer cet ordre ; que ce n'eſt point à moi qu'elle manquera, mais au juſte abſolu ; & qu'en me préſentant ces beaux théorêmes, il me dit qu'il faut croire, parce que rien n'eſt plus évident : alors je ne l'entends plus, & je me révolte.

Je veux bien ſuppoſer qu'il eſt perſuadé, *qu'il a un diſcernement clair & diſtinct de la ſenſation qu'il éprouve,* & qu'il tâche de faire paſſer en moi :

mais je n'en suis aucunement affecté.
Je sens que si je discerne quelque
chose clairement, c'est que son principe & sa preuve sont directement
contraires à ma raison, au sentiment
profond qui vit dans mon cœur, à
cet instinct naturel, que la société
même n'a pas détruit : instinct qui
m'apprend que je ne dois donner rien
pour rien ; que tous les établissements
faits par les hommes sont humains ;
qu'ils doivent changer comme leurs
auteurs ; & que s'il peut y en avoir
d'invariables, ce sont uniquement
ceux qui, mettant le plus grand nombre des êtres raisonnables dans une
situation douce, réunissent par conséquent le plus grand nombre des suffra-
ges en leur faveur. Voilà ce qui me
paroît évident à moi : M. *D. L. R.* en
jugera autrement, & ce sera une démonstration évidente de la fausseté de
sa maxime.

En veut-on une autre non moins
fenfible ? Il n'y a perfonne aujour-
d'hui en France qui n'ait les oreilles
rebattues des éloges donnés au *tableau économique*. C'eft l'elixir de la
fcience. C'eft un petit tréfor portatif ,
qui eft à l'ame ce que la thériaque
eft au corps. Quand la foi d'un *écono-
mifte* vacille , quand une défaillance
fubite le menace , qu'un vertige de
réflexions le tourmente , une prife de
tableau chaffe les vapeurs du bon fens ,
raffermit les fibres du cerveau , &
y ramene le profélite ébranlé à la
confiance heureufe dans laquelle on
apperçoit *évidemment* les chofes comme il faut les voir. Un fpécifique auffi
actif doit fans doute porter avec lui
un caractere de force & de vigueur,
capable d'annoncer les effets qu'il
opere. On en peut juger en jetant
les yeux fur la copie fidelle de cet

enchiridion moderne qui se trouve ici dessous.

L'auteur l'a enfanté d'abord, à ce qu'on nous a appris, après de violents efforts. Cette production est sortie de son cerveau, comme Minerve de celui de Jupiter, toute armée. Cependant il l'a reprise, remaniée, étendue, modifiée, expliquée dans un petit volume. M. * * * est venu, qui l'a interprétée en deux volumes assez épais. M. de M. * * * est survenu qui l'a commentée à son tour en trois gros volumes, intitulés *philosophie rurale*. Pour peu que le siecle eût été favorable, & la circonstance heureuse, on auroit bientôt vu le *tableau* chargé d'annotations, & perdu dans des *in-folio* énormes, où les scholiastes *économistes* auroient toujours prêché l'évidence & prodigué le galimathias.

Et voilà donc, Messieurs, ce que vous présentez gravement dans un

fiecle éclairé, à la *France*, *à l'Europe*,
comme un objet digne de leurs ado-
rations ? C'eſt-là, dites-vous, qu'eſt
contenu tout le fecret de l'économie
politique ; c'eſt là le manuel des princes & des fujets ; c'eſt là qu'on apprend ce que la terre peut rendre,
ce qu'une nation peut payer d'impôts, ce qu'elle a de richeſſes ; enfin
c'eſt l'archétype univerfel de la légiſ-
lation en tout genre, & le guide infaillible de tout homme appellé à l'adminiſtration d'un grand empire.

Mais, dites-moi de bonne foi, con-
noiſſez-vous quelqu'un qui l'ait com-
pris ? Vous, doctes commentateurs,
qui avez compilé de longues expli-
cations pour le développer, l'avez-
vous férieufement entendu ? L'auteur
lui-même fait-il bien ce qu'il a voulu
dire par ces étages de chiffres, au
moyen defquels la *reproduction nette*
de proche en proche aboutit à *zero*,

emblême frappant du fruit que peuvent rapporter les recherches de quiconque auroit la patience de travailler à comprendre ce puérile amas de mots fans fignifications , & de lignes vuides de fens?

Il faut bien enfin dire la vérité. Le bon fens n'a été que trop long temps outragé par la fuperftition minutieufe avec laquelle on a prodigué des hommages à ce monument étrange. Il eft venu trois cents ans trop tard. S'il s'étoit produit au treizieme ou au quatorzieme fiecle , il auroit pu trouver alors des protecteurs , & acquérir depuis une confiftance qui l'auroit garanti des critiques : mais le hafarder au milieu du dix-huitieme fiecle , à l'époque à laquelle M. *Dupont* eft furpris qu'on ait ofé offrir pour modele les adminiftrations orientales , c'eft avoir étrangement préfumé de la bonhommie des contemporains , & de l'effet des manœuvres qui devoient en assurer le succès.

Pour lui concilier une vénération plus respectueuse, pour lui communiquer un peu de cet heureux vernis d'antiquité qui lui manque, on l'a comparé avec affectation à *l'y-king*, à l'explication qu'a donnée *Confucius* des figures mystérieuses qui composent cette partie du code sacré des *Chinois*. J'avoue que jamais rien n'a tant ressemblé à la production du délire *Européen*, que la folie du commentaire *Asiatique*. Je le mets ici, comme l'autre, sous les yeux du lecteur, afin qu'on puisse les comparer. On voit que dans tous les deux les lignes jouent le principal rôle : dans l'un, à la vérité, elles sont transversales, & paralleles dans l'autre ; dans le premier elles sont ponctuées, & pleines dans le second. Du reste c'est absolument la même chose. Le docteur de

Peking a vu de la combinaifon de ces lignes fortir le myftere de la formation des éléments , les principes les plus lumineux de la morale , comme le lettré de *Paris* a diftingué entre fes petits points la régénération des empires , & le fecret de leur profpérité ou de leur décadence.

Mais dans quel fiecle fommes-nous donc , fi une pareille abfurdité , hafardée à mille ans & à mille lieues de nous , pouvoit donner de la confiftance & des droits au vertige qui voudroit la retracer fous nos yeux? Quoi! une vieille extravagance *Chinoife* pourroit rendre refpectable une extravagance *Européenne* moderne , qui n'auroit d'autre mérite que d'en approcher? Eh! mes compatriotes, François, philofophes , négociants , artiftes , hommes de tout état , de tout âge , ne dégradez pas à ce point une faculté qui vous a été donnée pour vous préferver précifément des preftiges de ce genre ! Jugez vous-mêmes, appréciez, d'après vos yeux & votre efprit, une piece qui n'eft propre qu'à fatiguer les uns, autant qu'à révolter l'autre.

Si l'on s'obftine à l'efcorter de cette compagne dépayfée, dont elle a imité l'idiome, au lieu du refpect que l'on exige pour toutes deux au nom de l'étrangere, prodiguez-leur à toutes deux le jufte mépris qu'elles méritent. Répondez que ce font des enfants que l'on amufe avec des hiéroglyphes, & des fous que l'on touche avec des fignes fans objets : mais quand on parle à des hommes raifonnables, il faut refpecter la raifon, & ne pas choquer le bon fens quand on veut leur donner une *fenfation claire & diftincte.*

Vous le voyez, Meffieurs, il s'en faut bien que l'évidence fe manifefte avec le même éclat à tous les cerveaux. M. *D. L. R.* dit joliment (1), qu'elle eſt le *repos de l'eſprit.* Le tableau économique paroît en effet être le fruit d'un ſommeil & d'un rêve, mais il ne me procure pas, ni à tous ceux qui penſeront comme moi, la quiétude heureuſe qu'il fait naître chez vous. Ce ſeul argument, entre mille autres, démontreroit l'inſuffiſance de vos adages & de votre merveilleux principe.

Il eſt clair que la ſeule variété des eſprits, la ſeule différence des conceptions exclut ce que vous appellez l'évidence du rang des reſſorts propres au gouvernement Il lui faut une force coërcitive, qui ſubjugue du moins les actions, ſi les volontés lui échappent. Il peut être aidé par l'exhortation qui perſuade, mais il lui faut de plus une autorité ſenſible & méchanique qui ſubjugue.

_____

(1) Ordre naturel, *ci-après.*

CHAPITRE

CHAPITRE XXIV.

De l'inftruction. S'il eft avantageux d'é-
clairer le peuple.

JE fais bien que vous répondrez à
cette preuve accablante. Vous direz
que vous convenez de l'inégalité des
efprits, de la difproportion des têtes,
mais que vous avez indiqué un moyen
pour les mettre de niveau. C'eft *l'inf-*
truction dont vous vantez les avantages : vous la voulez indéfinie comme le commerce des bleds. Vous re-
venez fans ceffe à cette propofition,
qu'il faut *éclairer toujours le peuple,*
& laiffer une liberté abfolue aux difcuffions.

D'abord, votre zele pour cette
liberté eft un peu fufpect. C'eft un
artifice commun à toutes les fectes

Tome VI.   N

naiffantes , de prêcher les avantages
de la tolérance. La raifon en eft fimple. En cela, c'eft leur exiftence
qu'elles défendent. La profcription
des nouveautés ent-aîneroit la leur ;
& c'eft bien moins la liberté commune
qu'elles réclament , que la permiffion
particuliere de fe développer. L'ont-
elles obtenue? elles changent bientôt de maximes : à peine affermies ,
elles deviennent intolérantes & per-
fécutrices.

Cet efprit chez vous a été préma-
turé. il s'y montre avant même que
vos dogmes aient acquis la folidité
qui pourroit le juftifier. Votre conduite dément trop votre langage; de
même que l'impoffibilité de croire à
ce que vous appellez l'évidence , détruit les inductions que vous en tirez,
de même auffi votre procédé envers
vos adverfaires annonce combien
vous croyez au fond la liberté dan-

gereufe & incompatible avec l'établiffement d'aucun dogme, fur-tout
du vôtre.

Mais quand vous ne feriez ici qu'in-
conféquents, & que vous folliciteriez
de bonne foi une indépendance qui
borneroit vos progrès, pouvez-vous
réellement la croire utile ? Vous dites que *l'évidence eſt à l'épreuve de l'e-
xamen* (1) ; vous aſſurez que la permiſ-
fion *de diſcuter même les droits du ſouverain, rend les ſujets plus ſoumis*;
qu'ils obéiſſent alors à la raiſon, &c.
(2) Eh ! ne fentez-vous pas que
vous hafardez là le plus funefte
peut-être de tous les princiſes ;
que vous mettez au jour un axiome
capable de renverfer tous les trônes,
& de bouleverfer tous les empires ?

Y a-t-il un gouvernement qui s'ac-

---

(1) *Ordre naturel*, &c pag. 49.
(2) *Ephémérides*, 1769, tome 6, p. 178.

N ij

corde en tout avec la raifon? Y en
a-t-il un du moins qui puiffe paroître pourvu de cet avantage à tous les
individus qui y font foumis? La plus
lumineufe inftruction du monde a dou-
cira-t-elle la charge des fujets,
fur qui porte par effence tout le fardeau focial? Et engagera-t-elle ceux
que la naiffance, la protection ou l'a-
dreffe en ont difpenfés, à en aller
prendre fur eux une partie?

Préviendra-t-elle d'ailleurs tous les
abus? Empêchera-t-elle un prince
d'être foible, d'avoir des miniftres
avares ou vindicatifs? Suffira-t-elle
pour obliger l'autorité à fe refferrer
d'elle-même dans fes bornes, &
à ne jamais effayer de les franchir?

A la moindre prévarication, ou à
la premiere démarche innocente qui
pourra être mal interprêtée, fi les
fujets font autorifés à en pefer les
motifs, & à en apprécier les effets,

qu'en réfultera-t-il ? De la faculté de
fentir l'avantage des corrections, on
paffera fans intervalle à prétendre le
droit de les exiger. Il s'élevera des
difputes entre l'autorité qui ne voudra, ou ne pourra pas tout d'un
coup réformer les abus, & l'im-
patience des raifonneurs. Les délais
paroîtront à ceux-ci d'autant plus in-
juftes, que leur état fera plus vio-
lent. Bientôt viendront les ligues, les
troubles, & enfin les révoltes, les
guerres civiles.

Ouvrez nos faftes, & ofez nier ce
que j'avance. *François premier* fut le
pere des lettres. Les hommes s'inftrui-
firent fous fon regne : ils apprirent,
pour la premiere fois, à parler de pouvoir & de liberté. Celui de fes pe-
tits-fils fut enfanglanté : leur trône
fut ébranlé violemment pour quelques
paragraphes, dans lefquels fes prédé-
ceffeurs n'avoient jamais trouvé d'em-
N iij

barras. Sa poftérité ne s'en feroit pas inquiétée davantage, fi elle n'avoit appris de lui à les lire.

Henri VIII fut un prince favant, mais fa fermeté fauva à fes peuples le 'danger de l'impulfion fatale que ce goût auroit pu donner aux efprits. Jacques premier, prince mou, prefque ftupide, avec une forte de génie méchanique pour l'érudition, ramena l'étude chez les Anglois; il eftima la fcience, il en développa l'amour dans fa nation. Sous fon fils, l'île entiere ne fut qu'un champ de carnage, qui offrit enfin aux yeux de l'Europe étonnée, la plus étrange cataftrophe dont l'hiftoire ait confervé le fouvenir.

Vous me citerez la Chine, & le Maître, au tom. 3 des Ephémérides de 767, pag. 33. Il avance, fous l'enveloppe myftique de la lettre A, que fi le peuple Chinois eft foumis, c'eft qu'il eft *fort inftruit des devoirs réciproques du pr.nce & des fujets.* Cela n'eft pas vrai. La foumiffion du peuple eft due au bâton, & aux grands corps de gradués, à ces tribunaux judiciaires, compofés de lettrés; liens plus accablants pour les peuples que le defpotifme militaire; chaîne affreufe, dont le prince feul profite, & qui écrafe toute la nation fous un joug d'autant plus terrible qu'il eft légal, & qu'il n'y a point de remede.

Cet exemple n'attaque donc pas mon principe.

On pourroit en citer d'autres fans nombre pour l'appuyer. Ils ne feroient peut-être pas tous auffi funeftes que ceux que l'on vient de voir, mais ils feroient auffi concluants. Soyez fûr que dès que chaque citoyen aura la prérogative de pefer, dans fon petit fanctuaire particulier, la conduite de ceux qui le gouver-

N iv

nent, d'exiger qu'on prenne pour principes de l'administration ceux qu'adoptera sa raison, tout sera perdu.

Quelqu'espece de limites que vous vouliez donner à cette liberté, il ne sera jamais possible de l'empêcher de s'étendre jusqu'aux grands objets de la politique. D'un grain de bled, les spéculateurs en ce genre ne tardent pas à s'élever jusqu'au trône. Vous le prouvez bien sensiblement, vous qui, de la mouture, êtes tout d'un coup passés à l'examen des loix : vous qui, après avoir paru vous borner à peser dans la balance économique des épis & de la farine, y avez tout d'un coup voulu évaluer les sceptres, les couronnes, les vices & les vertus ! Mais enfin, je veux croire qu'on puisse donner un frein à cette avidité inquiete, & la forcer de se restreindre aux objets qu'on lui prescrit ; je suppose que la liberté de l'instruction se bornera à faire pénétrer, dans les classes inférieures de la société, ce qu'il faut de lumieres pour leur faire découvrir leurs devoirs, pour les engager à perfectionner les méthodes méchaniques qui font leur occupation & leur gagne-pain : quel avantage en résultera-t-il, & pour eux & pour nous ?

Voilà tous nos paysans qui savent lire & écrire ; voilà tous nos cultivateurs, comme aujourd'hui nos cochers brillants & nos laquais du bel air, absorbés dans l'examen d'une brochure, & transformés en beaux esprits contemplateurs. Croyez-vous que les travaux de nos campagnes en seront mieux faits ? Vous flattez-vous que des mains accoutumées au toucher doux des feuilles d'un livre & à la légéreté de ce fardeau, retourneront sans peine au poids accablant de la

N v

houe, au maniement rude & pénible
de la charrue? Ces fumiers qu'il faut
transporter, ces étables qu'il faut vuider, ces bestiaux qu'il faut panser,
ces voitures qu'il faut charger & dé-
charger, ces champs qu'il faut retourner, semer, dépouiller avec les plus
incroyables fatigues; tous ces objets
trop nécessaires, dont l'habitude &
la grossiéreté cachent le désagrément
aux hommes matériels qui s'y dévouent, ne dégoûteront-ils pas, ne
rebuteront-ils pas ces hommes spiri-
tuels, à qui vos livres auront fait une
autre existence?

Vous ferez des livres exprès pour
eux: je le veux. Les curés Manceaux
vous composeront de beaux petits
catéchismes économiques, où il ne
sera question que de labourage, de
fumiers, de plantations; rien de mieux.
Mais quand vos campagnards auront
lu ceux-là, où est votre certitude

qu'ils n'en voudront point lire d'autres? Si même ils n'en lifoient point, pourriez vous dire qu'ils font inftruits? L'inftruction ne confifte-t elle pas dans la difcuffion du pour & du contre? S'ils étoient condamnés à ne jamais lire, à ne jamais étudier que vos fyftêmes, pourriez-vous croire que vous leur avez ouvert l'efprit? Seroit-ce faire autre chofe que leur mettre un bandeau de plus? Une fcience bornée dans fes recherches, n'équivaut-elle pas à l'ignorance, ou n'eft-elle pas encore pis?

Il faut donc vous attendre à les voir avides de contradictions, de difputes, cherchant au milieu de ces éclats ténébreux la vérité qui femble s'y cacher, & qui, pour comble de malheur, ne s'y rencontre guere? Mais le temps qu'ils donneront à ces fpéculations fublimes, ne fera-t il pas

N vj

perdu pour les occupations ordi-
naires?

Croyez-moi, dans la fociété chacun a fon rôle, auquel il doit exclufivement s'attacher. Le feul, le véritable défordre vient de la confufion
tolérée dans cette importante partie
de la politique. Il ne faut pas qu'un
commis de bureau s'avife de vouloir
dreffer des patentes qu'il ne doit que
copier. Il ne faut pas non plus qu'un
homme dévoué, par fon état & fa
naiffance, aux travaux utiles, mais
fatiguants de la main, puiffe donner
trop d'effor aux facultés de fon efprit.

Qui labourera fon champ, tandis
qu'il étudiera une meilleure maniere
de le labourer dans un livre? Ses
bras ne font vigoureux & dociles
qu'en raifon de ce que fa tête eft
vuide, & fon ame dans l'inaction.
Le prône de fon curé lui fuffit. Toute efpece de lumiere qui excédera

cette mefure, fera pour lui un germe de découragement ou de révolte, & pour la fociété un commencement de troubles.

L'exercice des vertus civiles n'y gagnera pas plus que la perfection des manœuvres champêtres. Malgré vos fublimes déclamations fur cet article, une trifte expérience n'a que trop prouvé que les payfans les plus inftruits étoient, en général, les plus querelleurs, les plus proceffifs.

Il y a peu de familles aifées dans les villages, où l'on n'ait l'ambition de mettre au college au moins un des enfants pour en faire un prêtre. On le deftine à devenir curé: on fe flatte qu'alors il fera utile à fon pere, à fa mere, que la vieilleffe aura mis hors d'état de continuer leur laborieufe profeffion; qu'il aidera fes fœurs & les retirera chez lui, fi elles n'ont pas trouvé d'établiſſement. On l'appelle l'*abbé* avant qu'il ait la tonſure.

Ce qui en réſulte, c'eſt qu'à peine M. l'*abbé* a t-il quelques phraſes de *Ciceron* dans la mémoire, qu'il ſe croit d'une nature ſupérieure à celle de ſes freres, & par conſéquent de tous les payſans de ſon hameau. Il devient le tyran & le fléau de ſa famille. Il n'y paroît que pour prendre un ton d'autorité inſultant, qui s'accroît avec ſes études, & qui ſe change trop ſouvent, dans un âge plus avancé, en une dureté vraiment ſcandaleuſe, en un mépris tout-à fait criminel.

J'ai tant vu de ces exemples des funeſtes effets de l'éducation, que je la crois dangereuſe en tout ſens, du moins pour une certaine portion d'hommes. De même que je ne voudrois point d'un cocher ou d'un palfrenier qui connoîtroient *Racine* ou

Voltaire : de même auſſi j'aurois ſoin d'ôter ma ferme à un laboureur qui auroit lu les *Ephémérides*.

Vous avez, ſans y penſer, donné vous-même des preuves de l'influence pernicieuſe que peut avoir le développement des facultés intellectuelles dans l'eſpece d'hommes chez qui elles doivent reſter ou étouffées, ou du moins amorties. Vous citez, & avec éloge, au tome 8 de vos *Ephémérides citoyennes*, année 1768, page 202, le trait d'un fermier qui trouve injuſte une permiſſion que le parlement lui accorde, & qui refuſe de s'en prévaloir, parce que, dit-il, *le parlement n'a pas le pouvoir de le délier des engagements qu'il a contractés envers ſon maître.*

Si ce fermier n'eſt pas un être fantaſtique, ſi ce n'eſt pas un enfant de la cervelle échauffée du rédacteur de votre journal, favez-vous bien en bonne police le traitement qu'il méritoit? Il falloit le faire feffer publiquement, avec un bel écriteau, pour apprendre au public, & à lui, à ne pas vouloir être plus jufte qu'un tribunal chargé de la difpenfation de l'autorité fuprême.

En *Afie* on n'y auroit pas manqué. Le *vizir Azem* ou l'*Athemadoulet* auroient rabaiffé, par une baftonnade paternelle, ces bouillons d'une équité trop délicate. Ne voyez-vous pas que ce prétendu trait d'héroïfme n'en eft un que de fédition? Si votre fcrupuleux fermier a pu fe faire de fa confcience un petit tribunal privé, & y caffer un arrêt du parlement tout à fon avantage, comment croyez-vous donc qu'il auroit déclamé contre un jugement par lequel il auroit été condamné?

Croyez-moi, rien de trop : pour les trois quarts des hommes c'est assez de savoir obéir. Je conçois bien qu'il est de votre intérêt d'en faire des philosophes, & des philosophes *économistes*; mais, croyez-moi encore, de deux choses l'une, ou quand ils seroient instruits, les disciples quitteroient bientôt la beche & la charrue, pour disputer avec leurs *maîtres* sur la meilleure maniere de semer le grain, de le conserver, de le moudre, & ensuite de gouverner ceux qui le sement, qui le conservent, qui le réduisent en farine ; ou les *maîtres* revenant aux seules vraies maximes de la politique, iroient arracher de tous les villages cette plante empoisonnée, qui rendroient furieux tous ceux qui en respireroient l'odeur; ils iroient dans les cabanes déchirer les livres dont ils les auroient remplies ; ils prêcheroient hautement à ces hommes devenus honteux de leur nudité pour avoir touché à *l'arbre de vie*, que des recherches plus profondes font inutiles, & que l'évidence pour eux doit se réduire aux exhortations de leur pasteur.

F I N.

TABLE

DES CHAPITRES.

Fin de la Table des Chapitres.

Imprimé en France
FROC021004220120
23239FR00017B/229/P

9 782329 361093